大展好書　好書大展
品嘗好書　冠群可期

大展好書　好書大展
品嘗好書　冠群可期

自序

我們是人，不是不食煙火的神佛或是仙，所以我們都會有心存的慾望，甚至也常會產生超越理性的夢想；當然，我們更加希望有朝一日能夠夢幻成真，掌握現實的幸福與理想；但在現實中，不論是在精神或是物質方面，愈想比他人多得一分利益的人，就愈渴望預知自己的未來。

例如，當你正面臨創立事業且即將要付諸於行動時，相信你最希望的就是良友、先進，以及智慧之士的建議或是幫助，但是，諸如此類能夠提供你完善意見的人，卻又是寥寥無幾十分難求，甚至沒人敢幫你下決定。因此，這時你應該喚醒心中沉睡已久的預知本能，也就是依循正確的理性來判斷自己的將來，坦白說，在這個複雜多變的世界當中，最值得讓你依靠、信任的人，就是你自己。

我經常在上課時，這樣地告訴學員說：「命理，就是命的道理、命的行經過程；風水，是一種磁場相對所產生的效應，也就是一般所說的吉凶禍福；至於占卜，則是參考古之聖賢們的智慧與經驗所累積的文字記載，讓我們有所依循與學習。」所以對於一些的怪力亂神的言行，我堅決地不去碰觸與探討，不是這些東西不好，而是現今的社會已進入高科技的時代，應該要有所依據來論述，這樣也比較能夠讓人採信與理解。

本書是承續《2小時學會易經》的基本理念而發揮應用，因此若能將二書合璧研究，相信一定能有相輔相成之助益。

另外，本書將卜卦與如何應用找尋靈骨塔位之秘訣，除了師門制限的部分外，也盡量提供給大家參考應用，期盼大家都可以得到很好的庇蔭與福報！最後，衷心地感謝為我收集資料的學員，感謝你們的辛苦幫忙！也感謝您的購閱，祝福您！

筆者 姜威國 完稿於二〇一二歲次辛卯 小寒 破曉時分

目錄

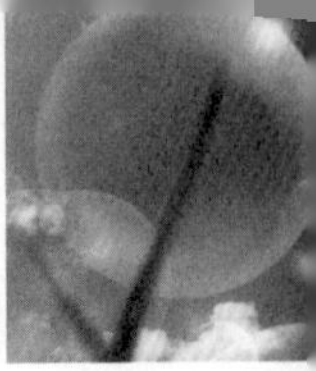

第一章 占卜術歷史的傳承史料

對於五術歷史的考證，已經不很容易了，對於更為較少人研習的占卜術歷史的考證，更是難上加難。

第一節　歷史考據伏羲略載

推敲考證歷史人物的典故，本就是一件很複雜且難度很深的工作，對於史前歷史的考證，更可說是莫可追尋且分歧。所以，本篇大概只能收集一些前人蛛絲馬跡的筆墨，供作為大家一些研習前的參考資訊。

民初古越蔡東藩先生《幼學故事瓊林》歷代帝王圖及紀而管見，圖載云：

「盤古氏繼天首出，始有三才。天皇氏，兄弟十二人，合一萬八千歲；帝皇氏，兄弟二人，合一萬八千歲；人皇氏，兄弟九人，合四萬五千六百歲。太昊伏羲氏，風姓，生於成都河南陳州，在位一百十五年，始劃八卦；女媧氏，姓風，煉石補天；炎帝神農氏，姜姓，教稼穡，始藝五穀，在位一百四十年；黃帝，有熊氏，姓公孫，始製衣冠，初作甲子，……。」

其歷代帝王記載：

「盤古氏，為開闢首君，生於太荒，莫知其所始，又曰混屯氏。天皇氏，取天開於子之義，始制干支之名，以定歲之所在；地皇氏，取地闢於丑之義，定三辰，分晝夜，以三十日為一月；人皇氏，取人生於寅之義，政教君臣之所自起，飲食男女之所自始；有巢氏，上古之世，穴居野處，構木為巢，教民居之；燧人氏，上古之世，茹毛飲血，鑽木取火，教民烹飪。太昊、伏羲氏，以木德王，故風姓，有聖德，象日月之明，在位百十五年；炎帝、神農氏，姓姜，以火德王，始教民耕稼，在位百四十年；黃帝、有熊氏，姓公孫，名軒轅，國于有熊，以水德王，在位一百年。……」

司馬貞補史記之《三皇本紀》載曰：

「天地出立，有天皇氏十二頭，澹泊無所施為，而俗自化，木德王，歲起攝提，兄弟十二人，立各一萬八千歲；地皇十一頭，火德王，姓十一人，興於熊耳、龍門等山，亦各萬八千歲；人皇九頭，乘雲車、駕六羽，出谷口，兄弟九人，分長九州，各立城邑，凡一百五十世，合四萬五千六百歲（以上所載皆出於河圖與三五曆）。自人皇以後有五龍氏、燧人氏、夫庭氏、柏皇氏、中央氏、卷須氏、栗陸氏、驪連氏、赫胥氏、尊盧氏、渾屯氏、昊英氏、有巢氏、朱襄氏、葛天氏、陰康氏、無懷氏。斯蓋三皇以來，有天下者之號，但載籍不紀，莫知姓王年代所都之處，而韓詩以為自古封泰山禪梁甫者，萬有餘家，仲尼觀之，不能盡識，管子亦曰：『古封泰山七十二家，夷吾所識十有二焉，首有無懷氏，然則無懷之前，天皇以後，年紀幽邈，皇王何昇而告，但古書亡矣，不可備論，豈得謂無地王耶？』故春秋緯稱：自開闢至於獲麟，凡三百二十七萬六千歲，分為十紀，凡世七萬六百年。一曰九頭紀、二曰五龍紀、三曰攝提紀、四曰合雒（同洛）紀、五曰連通紀、六曰序命紀、七曰脩飛紀、八曰回提紀、九曰禪通紀、十曰流訖紀。蓋流訖當黃帝時制九紀之間，是以錄於此補紀之也。」

補史記《三皇本紀》載曰：

「太皞庖犧氏，風姓，代燧人氏繼天而王，母曰華胥，履大人居於雷澤，而生庖犧於成紀，蛇身，有聖德，仰則觀象於天，俯則觀法於地，旁觀鳥獸之文與地之宜，近取諸身，遠取諸物，始劃八卦，以通神明之德，以類萬物之情，造畫器以代結繩之政，於是始制嫁娶，以儷皮為禮，結網罟以教佃漁，故曰宓犧氏，養犧牲以庖廚，故曰庖犧，有龍瑞，以龍紀官，號曰龍師，作三十五弦之瑟，木德王，注春令，故易稱帝出乎震，月令孟春，其帝大皞是也，都於陳，東封太山，立一十一年崩（按辭源釋註：在位一百十五年，傳十五世，凡一千二百六十年；而神農氏作。），其後裔當春秋時，有任宿、須句、顓臾，皆風姓之胤也。」

「女媧氏，亦風姓，蛇身人首，有神聖之德，代宓犧立，號曰女犧氏，無革造，惟作笙簧，故易不載，不承五運。一曰女媧亦木德王，蓋宓犧之後，已經數世，金木輪環，週而復始，特舉女媧，以其功高而充三皇，故頻木王也，當其末年也，諸侯有共工氏（按：古稱上古水官之戰名。），任智刑以強霸而不王，以水乘木，乃以祝融戰，不勝而怒，乃頭觸不周山崩，天柱折，地維缺，女媧乃鍊五色石以補天，斷鰲足以立四極，聚蘆灰以止滔水，以濟冀州，於是地平天成，不改舊物。」

「女媧氏沒，神農氏作。炎帝神農氏姜姓，母曰女登，有媧氏之女為少典妃，感神龍而生炎帝，人身牛首，長於姜水，因以為姓，火德王，故曰炎帝。以火名官，斲木為耜，揉木為耒，耒耨之用，以教萬人，始教耕，故號神農氏，於是作蜡祭，以赭鞭鞭草木，始嘗百草，始有醫藥，又作五弦之瑟，教人日中為市，交易而退，各得其所，遂重八卦為六十四爻，初都陳，後居曲阜，立一百二十年崩，葬長沙。神農本起烈山，故左氏稱烈山氏之子曰桂，亦曰厲山氏，禮曰厲山氏之有天下是也。神農納奔水氏之女，曰聽反為妃，生帝哀，哀生帝克，克生帝榆罔，凡八代，五百三十年（按辭源釋註：在位一百四十年而崩，傳八世，凡五百二十年是也。），而軒轅氏興焉。其後有州、甫、甘、許、戲、露、齊、紀、怡、向、申、呂，皆姜姓之後，並為諸侯，或分四岳，當周室，甫侯申伯為王賢相，齊許列為諸侯，霸於中國，蓋聖人德澤廣大，故其祚胤繁昌久長云。」

讀史難，讀史前史更難，其中神話、傳說、遐思、幻想一大堆，在其中如墜時空洪流之黑洞、如入萬花筒之真假難辨的境地。相信不只是筆者，大家必然想法都一樣——頭痛，但是筆者又不能不作此牽引一番，畢竟是「卦」的發明祖師爺——伏羲氏，所以在此也向大家致歉萬分！忍著點唄！

第二節　伏羲先天八卦

據考證伏羲始劃八卦，炎帝重重而成六十四卦，堯舜承其道，順歷夏商，歸藏連山各為其用，迨至周文王作彖辭，周公作爻辭，孔子贊周易，自此而開占卜一脈的斷續，作為吾人日後預測學的依據參考。

伏羲氏所創始的八卦是：仰則觀象於天，俯則觀法於地，旁觀鳥獸之文與地之宜，近取諸身，遠取諸物，始劃八卦，以通神明之德，以類萬物之情。也就是依循著自然界萬事萬物的運作而演繹，定其序、規其理，若是以現代物理學的角度論述，那就是所謂的「因」，中國古之聖人則稱其為「體」，其實兩者間，不過是字義上的差異，所論的根本就是同樣的意思。

•伏羲之先天八卦圖

先天八卦——伏羲氏　先天為體

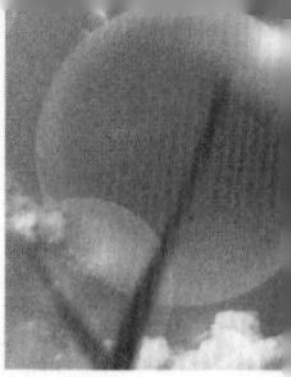

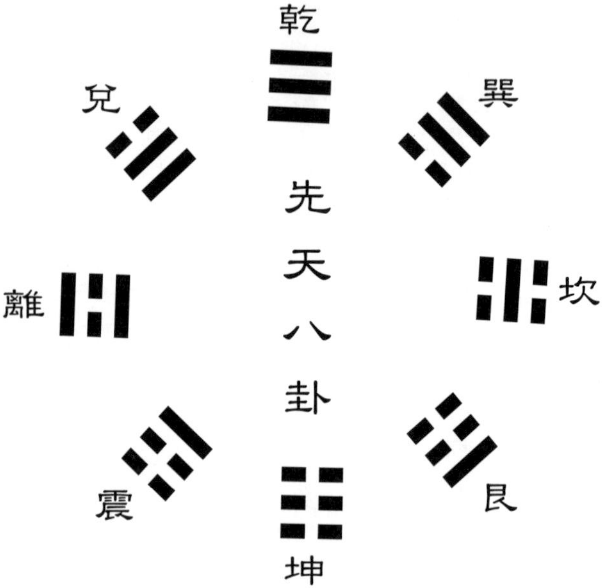

天地定位　山澤通氣　雷風不相薄　水火不相射　八卦相錯。

先天八卦排列次序的涵義，有著大地原始混屯的貌相，乾、兌、離、震四陽卦居左，巽、坎、艮、坤四陰卦居右，在未發生陰陽離子結合的狀況前，各居一邊，互不干涉。

當然，此時的大地也無氣機可言，迨至二八易位後，陰陽離子重新排列，大地始有了氣機，而萬事萬物方才開始一一的出現生氣，且綿延不絕地源源發展其延續命脈。

第三節　周文王之史實考據

周文王，即是時下術士所稱「文王聖卦」的創始者。其身世根據《史記‧周本紀》載云：概略傳之。

周后稷（農官名，堯稱農師，舜改稱后稷），名棄。其母有邰氏女，曰姜原。姜原為帝嚳（即玄囂之孫，黃帝之曾孫，礄之子高辛也。）元妃。姜原出野，見巨人跡，心忻然說，欲踐之。踐之而身動如孕者，居期而生子，以為不祥，棄之隘巷，馬牛過者皆辟不踐，徙置之林中，適會山林多人，遷之，而棄渠中冰上，飛鳥以其翼覆薦之，姜原以為神，遂收養長之。初欲棄之，因名曰棄。

棄為兒時，屹如巨人之志，其遊戲，好種樹麻菽，麻菽美；及為成人，遂好耕種，相地之宜，宜穀者稼穡焉，民皆法則之。帝堯聞之，舉棄為農師，天下得其利，有功。帝舜曰：棄，黎民始飢，爾后稷，播時百穀，封棄於邰，號曰后稷，別

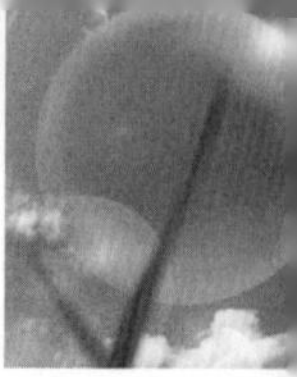

姓姬氏。

后稷之興在陶唐虞夏之際，皆有令德。后稷卒，子不窋立。不窋末年，夏后氏政衰，去稷不務。不窋以失其官，而犇戎狄之間。不窋卒，子鞠立。鞠卒，子公劉立，公劉雖在戎狄之間，復修后稷之業，務耕農，行地宜，自漆沮渡渭，取材用，居者有資，居者有蓄積，民賴其慶，百姓懷之，多徙而保歸焉！

周道之興，自始起，故詩人歌樂思其德。公劉卒，子慶節立，國於豳。慶節卒，子皇樸立。皇樸卒，子差弗立。差弗卒，子毀榆立。毀榆卒，子公非立。公非卒，子高圉立。高圉卒，子亞圉立。亞圉卒，子公叔祖類立。公叔祖類卒，子古公壇父立。

古公壇父復修后稷公劉之業，積德行義，國人皆戴之，薰育戎狄攻之，欲得財物，予之。已復攻，欲得地與民，民皆怒，欲戰。

古公曰：「有民立君，將以利之。今戎狄所為攻戰，以吾地與民。民之在我，與其在彼，何異？民欲以我故戰，殺人父子而君之，予不忍為。」乃以私屬遂去豳，度漆沮，踰梁山，止於岐下。

豳人舉國扶老攜幼，盡復歸古公於岐下，及他旁國聞古公仁，亦多歸之。於是古公乃貶戎狄之俗，而營築城郭室屋，而邑別居之，作五官有司，民皆歌樂之，頌其德。

古公有長子曰太伯，次曰虞仲，太姜生少子季歷，季歷娶太任，皆賢婦人，生昌，有聖瑞。

古公曰：「我世當有興者，其在昌乎？」長子太伯虞仲，知古公欲立季歷以傳昌，乃二人亡如荊蠻，文身斷髮，以讓季歷。

古公卒，季歷立，是為公季，公季修古公遺道，篤於行義，諸侯順之。公季卒，子昌立，是為西伯。

西伯曰文王，遵后稷公劉之業，則古公公季之法，篤仁、敬老、慈少、禮下賢者，日中不暇食以待士，士以此多歸之，太顛閎夭散宜生鬻子辛甲大夫之徒，皆往歸之。

崇侯虎譖西伯於殷紂曰：「西伯積善累德，諸侯皆嚮之，將不利於帝。」

帝紂乃囚西伯於羑里，閎夭之徒患之，乃求有莘氏美女，驪戎之文馬；有熊九駟，他奇怪物，因殷嬖臣費仲而獻之紂，紂大悅曰：「此一物足以釋西伯，況其多乎！」乃赦西伯，賜之弓矢釜鉞，使西伯得征伐，曰：「譖西伯者，崇侯虎也。」西伯乃獻洛西之地，以請紂去炮烙之，刑紂許之。西伯陰行善，諸侯皆來決平。於是虞芮之人，有獄不能決，乃如周。入界，耕者皆讓畔，民俗皆讓長，虞芮之人未見西伯皆慚，相謂曰：「吾所爭，周人所恥，何往？為，只取辱耳！」

明年，伐犬戎；明年，伐密須；明年，敗耆國。殷之祖伊聞之，懼以告帝紂，紂曰：「不有天命乎，是何能為！」

明年，伐邘；明年，伐崇侯虎，而作豐邑，自岐下而徙都豐；明年，西伯崩，太子發立，是為武王。

西伯蓋即位五十年，其囚羑里，蓋益易之八卦為六十四卦。（伏羲始劃八卦，神農重八卦，文王始益。）

詩人道西伯蓋受命之年稱王，而斷虞芮之訟，後七年而崩，謚為文王，改法度，制正朔矣，追尊古公為太王，公季為王季，蓋王瑞自太王興。

第四節　周文王之後天八卦

根據前節內文可得知，周文王因崇侯虎譖而被囚於羑里，益易八卦而為六十四卦。後世研習者，為了與伏羲氏的八卦有所區分，故將伏羲氏所發明的八卦稱之為「先天八卦」，而周文王所益易的八卦稱之為「後天八卦」。

周文王「後天八卦」的思維與取用，其實就是以最為貼切的人類活動為主，說卦傳曰：

「乾，天也，故稱乎父；坤，地也，故稱乎母。震，一索而得男，故謂之長子；巽，一索得女，故謂之長女；坎，再索而得男，故謂之中男，離；再索而得女，故謂之中女；艮，三索而得男，故謂之少男，兌，三索而得女，故謂之少女。」

●周文王後天八卦次序圖

乾	父	☰	艮坎震
坤	母	☷	兌離巽
震	長男	☳	得乾初爻
坎	中男	☵	得乾中爻
艮	少男	☶	得乾上爻
巽	長女	☴	得坤初爻
離	中女	☲	得坤中爻
兌	少女	☱	得坤上爻

●周文王之後天八卦圖

後天八卦——文王卦　後天為用

帝出乎震　齊乎巽　相見乎離

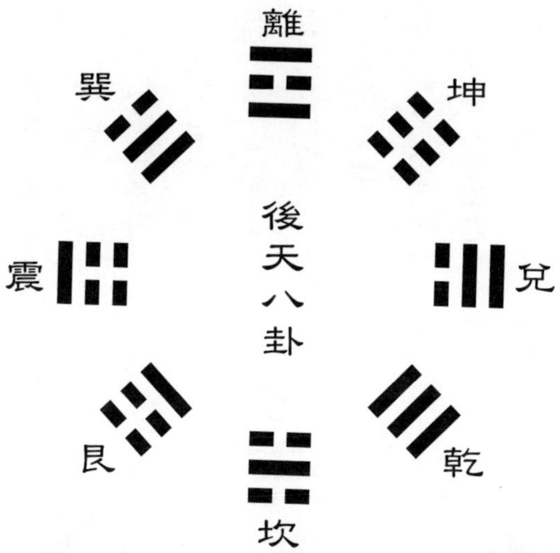

致役乎坤　說言乎兌　戰乎乾

勞乎坎　成言乎艮

後天八卦是文王於囚禁中思索推考，進而演繹出這千古不朽的「周易」，八八六十四卦於是焉而產生。

從伏羲氏的先天八卦到周文王的後天八卦，這其中的轉變與演進，我們可用化學中元素與元素混合（或是化合）而成物質的觀念去融合，如此即可對先、後天八卦的意象瞭然於胸了。

另外，說卦傳中亦有記載有關後天八卦方位的定義，其曰：「帝出乎震，齊乎巽，相見乎離，致役乎坤；說言乎兌，戰乎乾，勞乎坎，成言乎艮。震，東方；

巽，東南；離，南方；坤，西南；兌，西方；乾，西北；坎，北方；艮，東北。」

邵子評其曰：「此文王八卦，乃入用之位，後天之學也。」也就是我們經常所聽到：「先天為體，後天為用。」的意思。體者：本體也，不變之意；用者：成物也，變化之意。

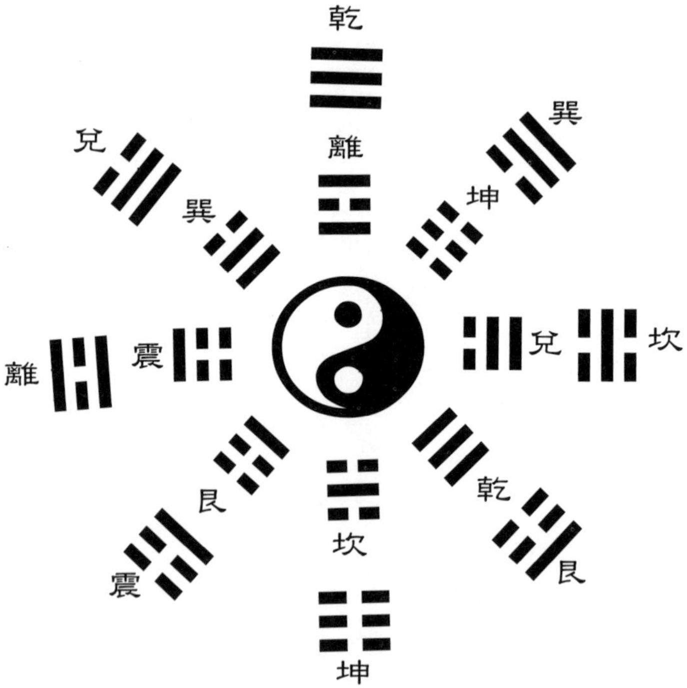

•先後天八卦綜合圖

第五節　八八六十四卦

後天八卦是文王於囚禁中思索推考，進而演繹出這千古不朽的《周易》，八八六十四卦於是焉而產生。這其中亦分為：自然與人文兩大部分，自然部分三十卦，稱為上經；人文部分三十四卦，是為下經，是故而成六十四卦。

說卦傳曰：「昔者聖人作易也，將以順性命之理，是以立天之道，曰陰與陽；立地之道，曰柔與剛；立人之道，曰仁與義，兼三才而兩之。故易六畫而成卦，分陰分陽，迭用柔剛，故易六位而成章。」

繫辭傳亦曰：「八卦成列，象在其中矣，因而重之，爻在其中矣。」

故今世亦有將「八八六十四卦」稱之為「八宮六十四卦」，陽宮四卦四八三十二卦置於前，陰宮四卦四八三十二卦列於後。

今日言卜卦或是測字之人，大都是以八八六十四卦為其論斷的依據，當然亦有其他如米卦、靈棋卦……等名用異同之他法，但都不出六十四卦的範圍。然而，再取用成卦之依據，則採先天八卦而入用於占卜一術，這就是所謂的以「先天為體，後天為用」的最明顯證明。

《序卦傳》曰：

「有天地、然後萬物生焉盈天地之間者唯萬物故受之以屯屯者盈也。屯者物之始生也。物生必蒙、故受之以蒙。蒙者蒙也。物之穉也。物穉不可不養也。故受之以需。需者飲食之道也。飲食必有訟、故受之以訟。訟必有眾起、故受之以師。師者眾也。眾必有所比、故受之以比。比者、比也。比必有所畜、故受之以小畜。物畜然後有禮、故受之以履。履而泰然後安、故受之以泰。泰者、通也，物不可以終通。故受之以否。物不可以終否、故受之以同。人與人同物必歸焉。故受之以大有。有大者不可以盈、故受之以謙。有大而能謙必豫、故受之以豫。豫必有隨、故受之以隨。以喜隨人者必有事。故受之以蠱。蠱者事也。有事而後可大、故受之以臨。臨者、大也。物大然後可觀、故受之以觀可觀而後有所合、故受之以噬嗑。嗑者、合也。物不可以苟合而已、故受之以賁。賁者、飾也。致飾然後亨則盡矣。故受之以剝。剝者、剝也。物不可以終盡剝窮上反下、故受之以復。復則不妄矣、故受之以無妄。有無妄然後可畜、故受之以大畜。物畜然後可養、故受之以頤。頤者養也。不養則不可動、故受之以大過。物不可以終過、故受之以坎。坎者，陷也，陷必有所麗、故受之以離。離者、麗也，有天地然後有萬物。有萬物然後有男女。有男女、然後有夫婦。有夫婦然後有父子。有父子然後有君臣。有君臣然後有上下。有上下然後禮義有所錯。夫婦之道不可以不久也，故受之以恆。恆者、久也。物不可以久居其所、故受之以遯。遯者、退也。物不可以終遯、故受之以大壯。物不可以終壯、故受之以晉。晉者、進也。進必有所傷、故受之以明夷。夷者、傷也。傷於外物必反於家。故受之以家人。家道窮必乖、故受之以睽。睽者、乖也。乖必有難、故受之以蹇。蹇者、難也。物不可以終難、故受之以解。解者、緩也。緩必有所失、故受之以損。損而不已必益，故受之以益。益而不已必決、故受之以夬。夬者、決也。決必有所遇、故受之以姤。姤者、遇也。物相遇而後聚、故受之以萃。萃者、聚也。聚而上者謂之升、故受之以升。升而不巳必困、故受之以困。困乎上者必反下、故受之以井。井道不可不革、故受之以革。革物者莫若鼎、故受

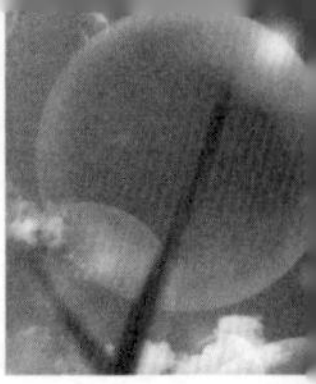

之以鼎。主器者莫若長子、故受之以震。震者、動也。物不可以動止之、故受之以艮。艮者、止也。物不可以終止、故受之漸。漸者、進也。進必有所歸、故受之以歸妹。得其所歸者必大、故受之以豐。豐者、大也。窮大者必失其居，故受之以旅。旅而無所容、故受之以巽。巽者、入也。入而後說之、故受之以兌。兌者、說也。說而後散之、故受之以渙。渙者、離也。物不可以終離，故受之以節。節而信之、故受之以中孚。有其信者必行之、故受之以小過。有過物者必濟、故受之以既濟。物不可窮也，故受之以未濟。終焉。

•八八六十四卦依序排列

第一卦：乾為天卦　第二卦：坤為地卦　第三卦：水雷屯卦

第四卦：山水蒙卦　第五卦：水天需卦　第六卦：天水訟卦

第七卦：地水師卦　第八卦：水地比卦　第九卦：風天小畜卦

第十卦：天澤履卦　第十一卦：地天泰卦　第十二卦：天地否卦

第十三卦：天火同人卦　第十四卦：火天大有卦　第十五卦：地山謙卦

第十六卦：雷地豫卦
第十九卦：地澤臨卦
第二二卦：山火賁卦
第二五卦：天雷無妄卦
第二八卦：澤風大過卦
第三一卦：澤山咸卦
第三四卦：雷天大壯卦
第三七卦：風火家人卦
第四十卦：雷水解卦
第四三卦：澤天夬卦
第四六卦：地風升卦
第四九卦：澤火革卦
第五二卦：艮　卦
第五五卦：雷火豐卦

第十七卦：澤雷隨卦
第二十卦：風地觀卦
第二三卦：山地剝卦
第二六卦：山天大畜卦
第二九卦：坎　卦
第三二卦：雷風恆卦
第三五卦：火地晉卦
第三八卦：火澤睽卦
第四一卦：山澤損卦
第四四卦：天風姤卦
第四七卦：澤水困卦
第五十卦：火風鼎卦
第五三卦：風山漸卦
第五六卦：火山旅卦

第十八卦：山風蠱卦
第二一卦：火雷噬嗑卦
第二四卦：地雷復卦
第二七卦：山雷頤卦
第三十卦：離　卦
第三三卦：天山遯卦
第三六卦：地火明夷卦
第三九卦：水山蹇卦
第四二卦：風雷益卦
第四五卦：澤地萃卦
第四八卦：水風井卦
第五一卦：震　卦
第五四卦：雷澤歸妹卦
第五七卦：巽　卦

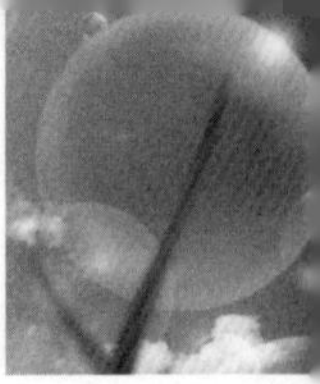

第五八卦：兌　卦　　第五九卦：風水渙卦　　第六十卦：水澤節卦

第六一卦：風澤中孚卦　　第六二卦：雷山小過卦　　第六三卦：火水既濟卦

第六四卦：火水未濟卦

●八宮六十四卦

一、乾宮八卦　五行屬金

乾為天　天風姤　天山遯　天地否

風地觀　山地剝　火地晉　火天大有

二、兌宮八卦　五行屬金

兌為澤　澤水困　澤地萃　澤山咸

水山蹇　地山謙　雷山小過　雷澤歸妹

三、離宮八卦　五行屬火

離為火　火山旅　火風鼎　水火未濟

山水蒙　風水渙　天水訟　天火同人

四、震宮八卦　五行屬木

震為雷　雷地豫　雷水解　雷風恆

地風升　水風井　澤風大過　澤雷隨

五、巽宮八卦　五行屬木

巽為風　風天小畜　風火家人　風雷益

天雷無妄　火雷噬嗑　山雷頤　山風蠱

六、坎宮八卦　五行屬水

坎為水　水澤節　水雷屯　水火既濟

澤火革　雷火豐　地火明夷　地水師

七、艮宮八卦　五行屬土

艮為山　山火賁　山天大畜　山澤損

火澤睽　天澤履　風澤中孚　風山漸

八、坤宮八卦　五行屬土

坤為地　地雷復　地澤臨　地天泰

雷天大壯　澤天夬　水天需　水地比

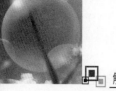

•八八六十四卦圖表

六十四卦

坤(地)	艮(山)	坎(水)	巽(風)	震(雷)	離(火)	兌(澤)	乾(天)	←上卦 ↓下卦
11.地天泰	26.山天大畜	5.水天需	9.風天小畜	34.雷天大壯	14.火天大有	43.澤天夬	1.乾為天	乾(天)
19.地澤臨	41.山澤損	60.水澤節	61.風澤中孚	54.雷澤歸妹	38.火澤睽	58.兌為澤	10.天澤履	兌(澤)
36.地火明夷	22.山火賁	63.水火既濟	37.風火家人	55.雷火豐	30.離為火	49.澤火革	13.天火同人	離(火)
24.地雷復	27.山雷頤	3.水雷屯	42.風雷益	51.震為雷	21.火雷噬嗑	17.澤雷隨	25.天雷無妄	震(雷)
46.地風升	18.山風蠱	48.水風井	57.巽為風	32.雷風恒	50.火風鼎	28.澤風大過	44.天風姤	巽(風)
7.地水師	4.山水蒙	29.坎為水	59.風水渙	40.雷水解	64.火水未濟	47.澤水困	6.天水訟	坎(水)
15.地山謙	52.艮為山	39.水山蹇	53.風山漸	62.雷山小過	56.火山旅	31.澤山咸	33.天山遯	艮(山)
2.坤為地	23.山地剝	8.水地比	20.風地觀	16.雷地豫	35.火地晉	45.澤地萃	12.天地否	坤(地)

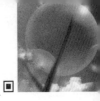

第六節　補充資料

本節中，筆者特將一些用於占卜學的術語，以及必須知道的一些輔助理論彙整，期盼對有心之研習者有所助益。

• 占卜學中之術語介紹

【單】：象徵著一條完整的繩子，經由繩子長短而知道使用繩子的人，想要用此捕獵是大是小的動物。所以我們在畫卦時，以畫一長橫線記之「⚊」，以代表為「陽爻」之意，有時也以速記方式「、」為之。

【折】：象徵著一條有打了結的繩子，但因為每個人所想要捕獵甚麼樣的動物，其他人很難知道，所以在畫卦時，以畫二短橫線記之「⚋」，以代表為「陰爻」之意，有時也以速記方式「、、」為之。

【爻】：是為備用之繩子，交也、效也，象徵著變化之意，也象徵天下事物之變動也。未打結者，稱之為「陽爻」；已打結者，稱之為「陰爻」。後世之研習占卜者，以卦中單折為爻，在觀其卦中之地位而稱其為何爻。

註：其實「爻」者，若以現代物理學而言，它就是電磁波的意思。

【單卦】：又稱為「生卦」，是為伏羲始畫之八卦，以三爻為一卦，取其生活上「食、住、衣」三者而代表之。

【雙卦】：又稱為「成卦」、「複合卦」，是為神農氏重疊伏羲之「單卦」，以六爻為一卦，之後再由周文王演繹成八八六十四卦。

【初爻】：裝卦之法是由下到上依序安裝，位於最下面的一爻即稱為「初爻」，再加以數字來表示其陰陽屬性，陽爻用「九」，那最下面的一爻即稱為「初九」；陰爻用「六」，那最下面的一爻即稱為「初六」。

【二至五爻】：根據上述規則，由下起算的第二爻，若是陽爻，即稱為「九二」；若為陰爻，即稱為「六二」。至於其他「三爻」、「四爻」、「五爻」，皆仿造前述記法記之。

【上爻】：複合卦之最上一爻，即所謂的第六爻，稱之為「上爻」，再依照前述法則，陽爻即以「上九」記之，陰爻即以「上六」記之。

【變爻】：即是在卦中要起變化之爻所在。其法則為：陽爻之變為陰爻，陰爻之變為陽爻，一般大都以「×」記之。

【本卦】：亦即占卜時，所取出之複合卦稱之。

【變卦】：亦即占卜時，經由變爻後，所形成之卦。

【互卦】：亦即占卜時，經由本卦中取二、三、四爻作為下卦，取三、四、五爻作為下卦，而形成的另一個新的卦稱之，一般大都用於觀察事情變化過程之參考。

【上卦】：所成複合卦中四、五、六爻之單卦稱之。

【下卦】：所成複合卦中一、二、三爻之單卦稱之。

●八卦取象歌訣

凡是研習占卜者，對於八卦卦象之畫記，必然要很熟悉，否則一旦臨到實務時，就無法施展論斷之依據。

歌訣：「乾三連，坤六斷，震仰盂，艮覆碗，離中虛，坎中滿，兌上缺，巽下斷。」說卦傳言象載曰：「乾為天，坤為地，震為雷，巽為風，坎為水，離為火，艮為山，兌為澤。」整理如後：

☰ 乾三連　為天
☷ 坤六斷　為地
☳ 震仰盂　為雷

☶ 艮覆碗　為山
☴ 巽下斷　為風
☱ 兌上缺　為澤

☲ 離中虛　為火
☵ 坎中滿　為水

另將八卦其他相關的資料一併整理如後表

八卦名	自然	性情	家族	方位	身體部位	動物	五行
乾	天	健	父	西北	頭首	獅、馬	陽金
坤	地	順	母	西南	腹	牛	陰土
震	雷	動	長男	東	足	龍(鼠狗)	陽木
坎	水	陷	中男	北	耳	豬	陽水

八卦名	自然	性情	家族	方位	身體部位	動物	五行
艮	山	止	少男	東北	手	狗	陽土
巽	風	入	長女	東南	股	雞	陰木
離	火	麗	中女	南	眼睛	雉	陰火
兌	澤	悅	少女	西	口	羊	陰金

最後為了顧及讀者的權益，特將易理中的河圖洛書也一併摘錄於後，做大家於研習上之參考資料。

●河圖　洛書

河圖、洛書，早已失傳，此乃後人依古籍記載，將宇宙構造以數字繪成簡圖，雖僅有數字，卻配置的極妙，其空心點者（註：原為白點，此一附圖乃配合背景反白。）代表奇數，是為陽數；實心點者（註：原為黑點，此一附圖乃配合背景反白。）代表偶數，是為陰數。

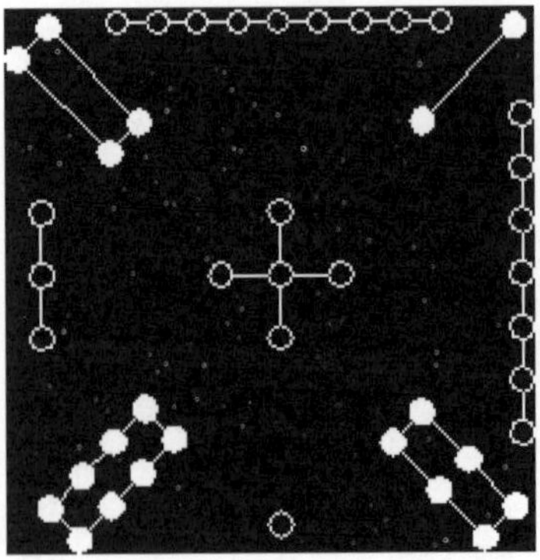

洛圖

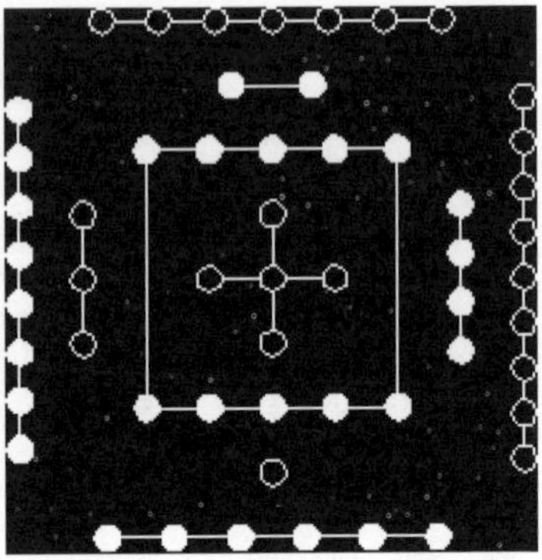

河圖

河圖者，一與六在下方；二與七在上方，三與八在左方，四與九在右方，五與十居中央。

若以方位而言，人面南而立，故上為南，屬火；下為北，屬水；左為東，屬木；右為西，屬金；於正中，則屬土。

各相對二數之差，皆五，除正中之五以外。奇數一、三、五、七、九；偶數二、四、六、八，皆按順時鐘方向排列，共有十數，合併共計五十五也。

凡見洛書，奇數者，五居中，一於北，三於東，九於南，七於西，偶數者則分占四角，除正中之五以外，相對二數和必為十，共九數，併計四十五也。

自東北起，一、三、四、九，同於河圖之橫

列數字：二、七、六、一，同於河圖之縱列數字。

●二八易位

洛書之位，一居於北，與河圖相同，這是數的根本，不可動搖。乾《文言》謂：「鎬乎其不可拔也。」由北而東北而東，而東南，原是一二三四之位；由西北，而西南，而南，原是六七八九之位。聖人將二八兩數互易其位，遂成今日洛書之數，其陰陽變化之妙，俱在其中矣。列圖如次：

原數

	九	
四		八
三		七
二		六
	一	

二八易位成洛書之數

	九	
四		二
三		七
八		六
	一	

•納甲裝卦歌訣

乾金甲子外壬午
艮土丙辰外丙戌
坎水戊寅外戊申
震木庚子外庚午
坤土乙未外癸丑
兌金丁巳外丁亥
離火己卯外己酉
巽木辛丑外辛未

「納甲裝卦」在觸機占卜中的應用，一是風水煞位的鑑定，另一是身體部位的判別。

例如：風水學中的【八方曜煞】

坎龍坤兔震山猴，巽雞乾馬兌蛇頭；
艮虎離豬為曜煞，墓宅逢之立便休。

●伏卦

「伏卦」在觸機占卜學的應用，沒有古占卜學中的艱澀難懂，當然更不是「伏吟卦」的意思。簡單說，我們用它來查出事情變化的關鍵點為何？當然，知道了事情的癥結，我們即可根據所得資訊來做處置，如此事情就可能會有轉圜的機會，而化險為夷。

那「伏卦」是如何產生的？我用「地天泰卦」來做例子。

「地天泰卦」：

●初九爻的伏卦是「澤天夬卦」（用地天泰的初、二、三，三個爻為內卦；二、三、四，三個爻為外卦）。

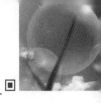

- 九二爻的伏卦是「雷澤歸妹」（用地天泰的二、三、四，三個爻為內卦；三、四、五，三個爻為外卦）。
- 九三爻的伏卦是「地雷復」（用地天泰的三、四、五，三個爻為內卦；四、五、上，三個爻為外卦）。
- 六四爻的伏卦是「天風姤」（是初九爻伏卦的「綜」卦）。
- 六五爻的伏卦是「風山漸」（是九二爻伏卦的「綜」卦）。
- 上六爻的伏卦是「山地剝」（是九三爻伏卦的「綜」卦）。

從上面所言，各位又可多學到一個「綜卦」。

【附註】：

「綜卦」即是將整個卦爻陰爻變陽爻、陽爻變陰爻即是所得。

第二章

八宮本卦之意象闡微

占卜一術，主要的論斷依據，就是從取卦完成後，從卦象、卦義以及卦爻間的氣數變化來做吉凶之判斷，這其中最為基本且重要的就是八卦的解讀，因此在本章節中，筆者會將往昔習學的資料，以及閱讀過易經卜卦相關的內容彙整，去蕪存菁地為大家提供最完完整且多元的資料，希望對大家於習學研討的過程中有所助益。

首先將《易經》•說卦傳中，有關八卦的解說摘錄供作參考。

說卦傳載錄：

〔第七章〕

乾，健也；坤，順也；震，動也；巽，入也；坎，陷也；離，麗也；艮，止也；兌，說也。

〔第八章〕

乾為馬，坤為牛，震為龍，巽為雞，坎為豕，離為雉，艮為狗，兌為羊。

〔第九章〕

乾為首，坤為腹，震為足，巽為股，坎為耳，離為目，艮為手，兌為口。

〔第十章〕

乾天也，故稱父，坤地也，故稱母；震一索而得男，故謂之長男；巽一索而得女，故謂之長女；坎再索而男，故謂之中男；離再索而得女，故謂之中女；艮三索而得男，故謂之少男；兌三索而得女，故謂之少女。

〔第十一章〕

乾為天、為圜、為君、為父、為玉、為金、為寒、為冰、為大赤、為良馬、為瘠馬、為駁馬、為木果。

兌為澤、為少女、為巫、為口舌、為毀折、為附決。其于地也，剛鹵。為妾、為羊。

離為火、為日、為電、為中女、為甲冑、為戈兵。其于人也，為大腹，為乾卦。為鱉、為蟹、為蠃、為蚌、為龜。其于木也，為科上槁。

震為雷、為龍、為玄黃、為敷、為大塗、為長子、為決躁、為蒼筤竹、為萑葦。其于馬也，為善鳴、為馵足，為的顙。其于稼也，為反生。其究為健，為蕃鮮。

巽為木、為風、為長女、為繩直、為工、為白、為長、為高、為進退、為不果、為臭。其于人也，為寡髮、為廣顙、為多白眼、為近利市三倍。其究為躁卦。

坎為水、為溝瀆、為隱伏、為矯輮、為弓輪。其于人也，為加憂、為心病、為耳痛、為血卦、為赤。其于馬也，為美脊、為亟心、為下首、為薄蹄、為曳。其于輿也，為丁躓。為通、為月、為盜。其于木也，為堅多心。

艮為山、為徑路、為小石、為門闕、為果蓏、為閽寺、為指、為狗、為鼠、為黔喙之屬。其于木也，為堅多節。

坤為地、為母、為布、為釜、為吝嗇、為均、為子母牛、為大輿、為文、為眾、為柄、其于地也為黑。

第一節 乾卦 ☰

《易緯》載曰：「乾為天門，聖人畫乾為天門，萬靈朝會，眾生成；成勢高遠，重三三而九九，為陽德之氣，亦為天德。天德兼坤數之成也，成而後有九。」

《萬形經》曰：「天門闢元氣，易始於乾也。」

《流年九星斷》載曰：「乾宮六白，武曲居之，五行屬金，性尚剛；其生旺也，威權震世、巨富多丁；其剋煞也，伶仃孤苦、刑妻剋子。」

《河圖》：一六為水。當其生旺，為文秀、榜首、才藝、聰明；當其剋煞，為淫佚、鰥寡、溺水、漂蕩。

《洛書》：六白金，為老陽，為君、父。生旺，威權震世、武途仕官、巨富多丁、尊榮顯達；剋煞，刑妻、孤獨、寡母守家。

《流年九星斷》載曰：「乾宮六白，武曲居之，五行屬金，性尚剛。其生旺也，威權震世、巨富多丁；其剋煞也，伶仃孤苦、刑妻剋子。」

【時運】：六運。（近期之六運：起於西元一九六四年，止於一九八四年。）

【人物】：君、父、夫、子、將軍、主管、首領（長）、大丈夫、老人、政府官員。

【疾病】：頭部相關症狀、高血壓、坐骨神經、紅瘡性狼斑症、龍骨（脊椎）。

【物象】：大河、神廟、高層建築物、金屬物、寶石、電腦、金錢、政府機關。

【季節】：晚秋至初冬。

【月份】：七月中至九月底。

【天候】：高溫、晴空萬里。

【方位】：西北方。

【性情】：自強不息、堅毅持久、陽性、開始、高貴、實實在在、主動積極，圓滿。

【顏色】：銀白色、白色。

【時刻】：二十一點到二十三點。

【星名】：武曲星。

【身體部位】：頭、肺、骨骼、氣機、抗體、骨架。

第二節 兌卦 ☱

《河圖》：二七火。生旺主橫財、巨富、多生女；剋煞主土血、墮胎、難產、夭亡、橫禍。

《洛書》：七赤金為少女。生旺主發財、旺丁、武途、仕官、小房發福；剋煞主盜賊、離鄉、投軍、牢獄、口舌、火災、損丁、橫禍死亡。

談氏《三元地理大玄空路透•下元七赤運結論》載曰：「兌卦位居正西，數屬七，星屬破軍，五行屬金；轄下元甲子、甲戌二十年，為七赤運。以三碧為零神，八白為生氣；七八九、七六五為三般卦之用神；其當令時，尚不完美，恐多損傷；其失時也，干戈連年，淫風極盛，國器或失其手。當其主宰之秋，恐多刀兵，欲起昇平之日，惟看下運八白，定有忠厚主宰之人，出而治世。」

《飛星賦》云：

「七有葫蘆之異，醫卜興家。

七逢刀盞之形，屠沽居肆。

觸類引申，鎖匠緣鉗鎚七地。

赤為『刑曜』，哪堪射脅水來？」

【時運】：七運。（近期之七運：起於西元一九八四年，止於二零零四年。）

【人物】：少女、歌星、童女、語文教師、律師、金融從業者、推銷員、藝妓、外交人員、模特兒。

【疾病】：牙症及口腔相關疾病、性病、支氣管炎、吸毒者、結核病、聾啞、經帶女人症、更年期、酗酒者、女伶、友人。

【物象】：湖、澤、雨水、窪地、坑洞地、動物園、硬土、谷、容器、嘴、魄力。

【季節】：秋。

【月份】：六月至七月中。

【天候】：陰多雲。

【方位】：西方。

【性情】：歡悅、妥協、親密、怨訾、情色、誘惑、辛辣、多變、恩澤、活潑、破壞、柔善、新陳代謝、神秘、靈異、口舌、密學、小、笑、和、饒舌。

【顏色】：銀色、淺白色、淺灰色、黃白色。

【時刻】：二十一點。

【星名】：破軍星。

【身體部位】：口、舌、肺、（支）氣管、女性生殖性。

第三節　離　卦 ☲

談養吾《下元九紫運結論》載曰：「離卦位居正南數屬九星屬九紫右弼五行屬火。」

《河圖》：四、九之數、屬金，當其生旺之時，主巨富、好義、多生男；當其為剋煞之時，主刀兵、孤伶、自縊。

《洛書》：九紫，乃後天卦之九數。當其生旺，主文章科第驟至、榮顯、中房受蔭；當其剋煞，主吐血、瘋癲、回祿、官災。

《流年九星斷》載曰：「離宮九紫，星名右弼，五行屬火，性最燥。吉者遇之，立刻發福；凶者值之，勃然大禍。故術家以為趕煞、崔貴之神。但火性剛，不能容邪，宜吉不宜凶，故曰紫白並稱。」

【時運】：九運。（近期之九運：起於西元二零二四年，止於二零四四年。）

【人物】：中女（排行二五八者）、美女、女性、孕婦、軍人、檢察官、偽君子、眼科醫生、夫婦、同居者、有名氣之學者、法官、作家、律師、軍火商。

【疾病】：眼部疾病、難（流）產、心臟血管病症、小腸病症、腹內火氣、黃疸、便秘、赤白帶、灼傷、失水症、血崩。

【物象】：太陽、熱、激烈、明智、目的、美麗、雷、瓦斯、蠟燭、繪畫、蝦、喜好、蟹、爐、灶、電、防彈衣、鹿、飛機、日、月、石油、佛教、寺廟、羅盤、文書、帳簿、裝飾品。

【季節】：夏天。

【月份】：四月至五月中。

【天候】：晴空萬里。

【方位】：南方。

【性情】：出入、味道、故事、完整、服從、主動向人打招呼、猶豫不決、長、發展、威猛、毀滅、外剛內柔、虛偽、感情、比對、明顯、文明、光明。

【顏色】：紅色、紫色、赤黃色。

【時刻】：正午。

【星名】：右弼星。

【身體部位】：眼、心、小腸、腹部、指甲。

第四節　震卦 ☳

《河圖》：三八木。生旺，為文才、魁元、多生男；剋煞，主為少亡、自縊、絕嗣。

《洛書》：三碧木，為長男。生旺，財祿豐盈、興家創業、貢監成名、長房大旺；剋煞，主瘋魔、哮喘、殘疾、刑妻、是非、官訟。

《流年九星斷》載曰：「三碧祿存星，隸震宮，其色碧，其五行屬木。值其生，興家立業；當其旺，富貴功名；若官災訟非，還其剋也；殘病刑妻，遭其凶也。犯之者，膿血之災；觸之者，足疾大禍。」

【時運】：三運。（近期之三運：起於西元一九零四年，止於一九二四年。）

【人物】：長男、兒子、兄、愛情不專者、喜猜疑者、大男人主義者、激進者、運動員、專業人士、盜賊、繼承人、總幹事、歌手、民意代表、主導者、新聞記者、歷史小說家。

【疾病】：口吃、神經痛、歇斯底里症、五十肩、青春期病症、顏面神經痲木、腳氣病、頸椎歪斜。

【物象】：木、竹、電話、陀螺、車、木桶、大路、喬木、飛機、時鐘、雜誌、音樂、鼓、祭典、發情、大聲哭笑、雷電。

【季節】：春天。

【月份】：一月至二月中。

【天候】：晴。

【方位】：東方。

【性情】：活潑、奮鬥、成功、決斷、飛、志氣、茁長、開朗、奔放、快速、殺氣、震動、茂盛、敏捷、青春、朝氣蓬勃。

【顏色】：綠色、青色、赤黃色。
【時刻】：上午五點至七點。
【星名】：祿存星，又名蚩尤。
【身體部位】：手、腳、神經系統、聲帶、命門、膽。

第五節　巽卦 ☴

《易緯》載曰：「巽為風門，亦為地戶。聖人曰：『乾坤成氣，風行天地』，運動由風氣成也。上陽下陰，順體入也；能入萬物、成萬物、扶天地，生散萬物，風以性者，聖人居天地之間，性稟陰陽之道，風為性體，因風正聖人性焉。《萬形經》曰：『二陽一陰，無形道也，風之發洩，由地出處，故曰地戶。戶者，牖戶，通天地之元氣。天地不通，萬物不蓄。』」

《河圖》：四九金，生旺，為巨富、好義、多生男；剋煞，主刀兵、孤伶、自縊。

《洛書》：四綠，為文昌。生旺，文章名世、科甲聯芳、女子容貌端妍、姻聯貴族；剋煞，主瘋哮、自縊、婦女淫蕩、男子酒色破家、漂流絕滅。

《流年九星斷》載曰：「四綠巽，得四數，其色綠，風中木，文曲居之。當其旺，登科甲第、君子加官、小人進產；為剋煞，瘋哮、自縊之厄不得免焉，淫佚流蕩之失，勢必有之。」

【時運】：四運。（近期之四運：起於西元一九二四年，止於一九四四年。）

【人物】：長女、淑女、作家、貞潔女、外交使節、太太、商人、淫婦、出納、詩人、公關、旅人、旅遊業、推銷員。

【疾病】：肝病、支氣管、夜尿、過敏症、股病、乳房病症、風邪、感冒、口臭、狐臭、雀斑、痲瘋症。

【物象】：草木、種子、針、線、工藝品、家、紙、桌子、氣體、郵局、繩墨、三白眼、蛇、雞、花卉。

【季節】：晚春到初夏。

【月份】：二月中至三月底。

【天候】：強風、無雨。

【方位】：東南方。

【性情】：出入、猶豫不決、味道、完整、服從、輕柔、飄蕩不定、調和、無定性、美色、風、教導、詐欺、未下雨時、信用、和諧。

【顏色】：綠色、青色、白色。

【時刻】：上午七點至九點。

【星名】：文曲星。

【身體部位】：毛髮、左手、氣色、乳房、呼吸、肝。

第六節　坎卦 ☵

《易》曰：「天一生水。」

《河圖》：一六為水。當其生旺，為文秀、榜首、才藝、聰明；當其剋煞，為淫佚、鰥寡、溺水、漂蕩。

《洛書》：一白水，為中男，魁星；生旺，主少年科甲、名播四海，多生聰明智慧之男子；當其剋煞，主刑妻、瞎眼、飄蕩。

《流年九星斷》載曰：「一白，先天在坤，後天居坎，應貪狼之宿，是為官星，五行則屬水，其色尚白。秋進，冬旺；春洩，夏死。當令時，士人遇之，必得其祿，庶人遇之，定進財喜；最宜一四同宮、一六聯星，更助旺氣；失令時，若受其剋煞，則莊子有鼓盆之嗟、卜商有喪明之痛。」

《玄機賦》：「水為木氣之元」、「震與坎為乍交」。

【時運】：一運。（近期之一運：起於西元一八六四年，止於一八八四年。）

【人物】：中男（排行二、五、八者）、法官、酒鬼、勞力者、無情人、間諜、盜賊、冒險之人、溺水者、帶病毒者、手術開刀醫生、年輕男子。

【疾病】：憂鬱症、氣血失調、貧血、耳痛、脫經、不孕症、子宮病、糖尿病、酒精中毒、精神病、痔漏、失血、溺斃、性病。

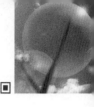

【物象】：水、酒、藥、血、泉、車、飲料、冰、河川、淚水、雨水、牢獄、河馬、月、下水道、鬼魂、流質、冰雹、骯髒水溝、陰暗處、堅心之木、沖蝕地形、洞穴、齒輪、鯨、棟樑、手銬、狐、海豚、雲、深、冷。

【季節】：冬天。

【月份】：九月至十月中。

【天候】：雨、雪。

【方位】：北方。

【性情】：陷入、智慧、思考、開端、內斂、煩惱、困難、障礙、忙碌、轉動、黑、動盪、不滿、彈性、流通、研究、貪婪、冒險、愛賭。

【顏色】：白色。

【時刻】：午後十二點。

【星名】：貪狼星。

【身體部位】：毛髮、子宮、精液、臀部、耳、腎、卵巢、唾液、汗淚腺、睪丸。

第七節　艮卦 ☶

《河圖》：三八木。生旺，為文才、魁元、多生男；剋煞，主為少亡、自縊、絕嗣。

《洛書》：八白土為少男。生旺，主孝義忠良、富貴緜遠、小房福洪；剋煞，主小口損傷、瘟癀、膨脹。

談氏《三元地理大玄空路透》載曰：「艮卦，位居東北，五行屬土，星屬左輔，數屬八，轄甲申、甲午二十年，為八白運。以九紫為生氣，八九一、八七六為『三般卦』之用神；用於旺運，可旺田宅、多忠良之臣；其失時也，小口欠寧、或出僧尼；當其主宰之時，國家昇平、文風亦盛。」

【時運】：八運。（近期之八運：起於西元二零零四年，止於二零二四年。）

【人物】：少男（排行三、六、九者）、年輕男子、兒童、神職人員、青少年、守衛、公關、親信、助理人員、批發商。

【疾病】：結石、耳鼻咽喉症、胃脾症、肥胖症、自律神經失調、精神分裂症、坐骨神經症、陽痿、脊椎病、關節炎。

【物象】：山、家、公媽、神位、衣櫥、寺廟、狗、銀行、城牆、家宅、不動產、山丘、小路、墓地、頭、桌子、門、大廈、瓜果、鼠類、陰霾。

【季節】：初春。

【月份】：九月至十月中。

【天候】：陰（多雲）。

【方位】：東北方。

【性情】：穩定、靜止、堅定不移、沉著、停留、頑固、拒絕、認真、獨立、改革、高尚、篤實、保守、儲蓄、有始有終。

【顏色】：黃色、土色。

【時刻】：上午一點到二點。

【星名】：左輔星。

【身體部位】：脾、胃、左足、陽具、自律神經、鼻、關節。

第八節　坤卦 ☷

《河圖》：二七火。生旺，主為橫才、巨富、多生女；剋煞，主為墮胎、產厄、夭亡、橫禍。

《洛書》：二黑，為老陰、為母。得令，為天醫；失令不合局，為病符、為寡宿。生旺，發田財、旺人丁、不產文士、只產武貴，妻奪夫權、陰謀鄙吝；剋煞，寡婦相傳、產難、刑耗、腹疾、惡瘡。

《九星流年斷》載曰：「二黑，屬土，星號巨門，為先天火數。二運逢之，發田財，則青蚨充滿；旺人丁，則螽斯衍慶。然為晦氣、病符、憂愁、抑鬱有所不免，暗悶、淹延、蓋嘗有之。為剋煞，孕婦有坐車之慮、孀居矢伯舟之志。」

談氏《三元地理大玄空路透》載曰：「坤卦，位居西南，五行屬土，數屬二，星屬巨門，為上元甲子第二運，轄甲申、甲午二十年，為之二黑運。以二黑為令星，八白為零神，三碧為生氣，二一九、二三四為『三般卦』之用神。二黑為病符，當旺時，主旺田宅、不產文士、異途擢用；衰死時，主出臌脹、宅母不利。」

【時運】：二運。（近期之二運：起於西元一八八四年，止於一九零四年。）

【人物】：母、民眾、晚輩、妻子、家人、皇后、肥胖又大腹的女人、秘書、服務人員、褓母、農夫、副手、臣、營養師、老師。

【疾病】：腹部部位病症、皮膚病、發燒、婦女病、肥胖症、大腹症、卵巢發炎、手部痠疼、胰臟癌、胃腸病症。

【物象】：房屋、順從、厚實、柔軟、虛、田園、牛、貓、重物、傢俱、五穀、衣服、容器、俸祿、低賤、封閉、鬼怪。

【季節】：晚夏到初秋（立秋）。

【月份】：五月中到六月底。

【天候】：陰、小雨。

【方位】：西南方。

【性情】：穩定、靜止、包容、生長、謙讓、迷惑、安靜、疑惑、和平、溫順、孕育、是非、憂愁、憂鬱、月亮、大地、消極、醜陋。

【顏色】：黃色、土色、灰黑色。

【時刻】：午后一點半到四點半。

【星名】：巨門星。

【身體部位】：脾、胃、腹部、腎、胰臟、肌肉、右手。

第九節　結　語

八宮本卦各自所可以演繹與引申的意象，筆者盡可能地收集彙整有關的資料，於前各節中分項列示，其中有些資料，若是稍有用心的讀者即可發現，的確，筆者附加了一些風水相關的知識，尤其是針對「三元玄空風水學」的基本資料。

或許有人會問筆者：「本書不是在介紹占卜術嗎？」沒錯啊，但陰陽宅風水吉凶禍福的論斷，於占卜術中，也是一項很重要的斷驗。若是對風水學沒有一些認

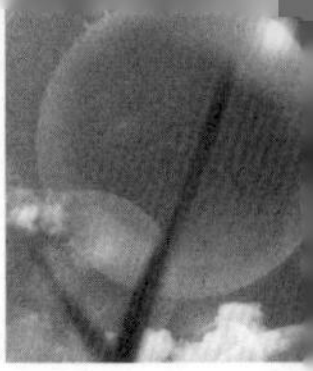

識，那改天碰上相關的詢問時，不就目瞪口呆、雙手一攤沒轍啦！

再者，有關這八宮本卦各自的意象資料，各位讀者務必要多記多看多想想，最好能自我練習如何地去演繹與整合。畢竟，在日後所會面對的各種問題時，這八宮本卦各自的意象資料就是我們最佳的利器。

當然，除了這些的基本資料外，技巧與經驗也是必備的論斷工具，這在后章節中，筆者也會針對這方面做一個完整的介紹，甚至也將昔日以還，於課堂上講授的，以及臨場實務的解卦資訊，一併於後章節中詳細地分析闡微。

期盼大家都能夠將此千古絕學——觸機占卜術，不但能夠瞭然於胸，更且能夠實務熟練地應用在你的生活與事業中，能如此，也就不負古聖人的一番學識與經驗的累積絕學。

第三章

《易經》八八六十四卦意象闡微

《易經》這本書是世界上最著名的中國國寶書，儘管它是西元前六千多年的產物，但對於號稱科技頂尖世紀的現代，依然需要探索它的理念，而來創造更先進、更發達的文明，如電腦、核子彈、太空梭升空的理論等。

「外國的月亮比較圓」的觀念早就不存在了。目前我的同學是美國太空總署太空科技的研究員，他的指導教授跟他們說過：「要把太空科技探究的更高、更精密，請務必要到中國將《易經》學好。」

先、後天八卦是《易經》的根基理念，而八八六十四卦則是《易經》應用的闡微解析。因此，由點（先天八卦）、而線（後天八卦）、而面（八八六十四卦）的層層推進地領悟，相信日後於五術之各科目應用，保證有如魚得水、優游自在的隨心所欲。

以下的內容，就是根據著八八六十四卦的次序排列，簡單清晰扼要地介紹給大家於研習上之參考。

第一節　上經　三十卦

第一卦　乾為天卦

乾卦卦形全部都是陽爻，陽是代表著男性，因此是為一種充滿能量的展現，《易經》中將其比喻為「龍」的意象。

由於本卦卦爻均為陽爻，故會呈顯「物極必反」的現象，天地萬物達到頂峰之後必會走下坡趨勢，所以當卜到本卦時，對於所有事物都必須切勿操之過急，必須心平氣和地慢慢等待時機的來臨。

本卦也是一種「剛直」的毅力堅定之象，所以卜到此卦時，不管做任何事，一定要堅持到底。

京房《易傳》曰：「乾象堅剛，天地之尊，故曰堅剛。說卦：乾，健也。言天之體，以健為用，運行不息，變化無窮。聖人則之，欲使人法天之用，不法天之

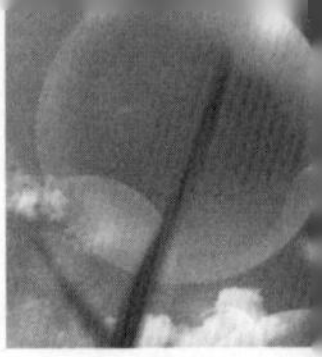

體，所以不名為天而曰乾。」

《說文》：「乾，上出也。」

據傳說，本卦是漢高祖與呂后到芒陽山時，因碰上阻礙苦難而占卜所得之卦。對一般人來說，占得此卦，就意味著將有阻礙困難即將發生。

戌——父母　亢龍有悔。

申——兄弟　見龍在田，利見大人。

午——官鬼　君子終日乾乾，夕惕若，厲，無咎。

辰——父母　或躍在淵，無咎。

寅——妻財　飛龍在天，利見大人。

子——子孫　亢龍有悔。

【解評】

靈骨安此卦位者：宜穩定中求穩定，平安中求平安，鋒頭不宜太露。求財無獲，求貴可得。不宜當主管。有疾病忌往北方，貴人就在身邊，財方在東，子女求學可激發向上。

第二卦　坤為地卦

本卦之上下卦均有著「地」之意象，故稱坤為地卦。

坤卦卦形全部都是陰爻，陰是代表著女性，所以，只要學習牝牛般溫馴地守住婦人之道，那就可以獲致幸福了。故占卜者卜到本卦時，應採保守之勢，不必與人較量競爭，只需順勢而為即可。

若是男性問卦而得此卦，固然個性上是很誠實柔順認真，但也確實稍嫌優柔寡斷、猶豫不決，故宜改正為上。

《彖》曰：「至哉坤元，萬物資生，乃順承天，坤厚載物，德合無疆，含弘光大，品物咸亨。」

《易經・文言傳 坤辭》載曰：「積善之家慶有餘，不積善之家殃有餘；臣弒君、子弒父，此非一朝一夕之故也。」

據傳說，本卦是漢高祖與項羽會戰時，所占卜而得到之卦。後來漢高祖得到坤的順德，而成就其得天下之霸業。所以占得此卦時，對於一切事物就要以柔順的態度對待之，千萬不可衝動行事。

酉 — — 子孫　龍戰于野，其血玄黃。

亥 — — 妻財　黃裳，無吉。

丑 — — 兄弟　括囊，無咎無譽。

卯 — — 官鬼　含章可貞。或從王事，無成有終。

巳 — — 父母　直方大，不習，無不利。

未 — — 兄弟　履霜堅冰至。

【解評】

靈骨安此卦位者：最宜當參謀，或總幹事，以奉獻為美德。求財平平，不宜求貴，不宜爭名奪利，易貽誤終身，切記澎漲權勢終不寧。疾病忌往東方宜往西方。子女求學平平。

第三卦　水雷屯卦

本卦水氣在雷之上，代表著還未到下雨的時機，但此時天空黑雲密布，象徵著一片的黑暗、危機，故本卦是列為六十四卦中的「四大難卦」之一。

《象》曰：「屯，剛柔始交而難生。」

「水雷屯」卦是一種屬於在煩惱中仍存有希望等待時機扭轉之意象，就如同幼芽在寒冷中等待春的到來一般。因此占得的此卦，切勿急於想脫困挽回一切，否則必然遭受更大更嚴重的結果；是故，本卦的出現就是有著預警的徵象，必須要等待時機成熟後方可以去動作實行。

據傳說，本卦是呂布逃難時，占卜所得之卦。後來也因為呂布的靜待時機，也讓漢朝黃帝感念他的忠節，而免除了呂布的罪行。

子——兄弟　乘馬班如，泣血漣如。

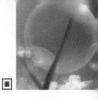

戌——　官鬼　屯其膏，小貞吉，大貞凶。

申－－　父母　乘馬班如，求婚媾，往吉，無不利。

辰－－　官鬼　即鹿元虞，惟入于林中君子幾，不如舍，往吝。

寅－－　子孫　屯如如，乘馬班如，匪寇婚媾，女子貞不字十年乃字

子——　兄弟　盤桓。利居貞，利見侯。

【解評】

靈骨安此卦位者：宜收斂，不宜衝刺。只問耕耘，不問收穫。求財無門，求貴無成突破無門，宜先成家，但必須篳路藍縷，慘淡經營，終必有成。子女求學此卦最好，書桌宜擺東西向，疾病宜往東。

第四卦　山水蒙卦

本卦「蒙」字是指一種蒙昧與啟蒙的前後呼應之意，事務必先蒙昧方有啟蒙的動作，故這中間的連接就必須要有智慧，因此方有成長的效益。

另由「蒙」字的字形來看，草頭下方為一住家，這是象徵古代住宅的形態，而人們就是在這種幽暗的房屋中養兒育女，所以蒙卦有著幽暗的意象，換個角度思考，人們同時也是在這種環境下啟蒙教育孩子，所以，本卦也有著促使無知之人啟迪開竅之意。

陸振奇曰：「屯者，世之蒙，乃未開治天下，故曰草昧。蒙者，人之屯，乃未學識之赤子，故曰童蒙。」

《說文》曰：「蒙，萌也。」

據傳說，本卦是王莽篡漢時，所占得的卦。之後王莽篡了漢朝，自封新，迨高祖孫出來，才滅了王莽而建立了後漢。

寅——　父母　擊蒙。不利為寇，利禦寇。

子－－　官鬼　童蒙，吉。

戌－－　子孫　困蒙，吝。

午－－　兄弟　勿用取女，見金夫，不有躬。無攸利。

辰——　子孫　包蒙吉，納婦吉，子克家。

寅－－　父母　發蒙。利用刑人，用說桎梏，以往吝。

【解評】

靈骨安此卦位者：最宜子女求學，書桌宜擺東西向。餘事安穩中過日。求貴不必，求財亦不加多。貴人方居東，財方在西。疾病附近就醫，忌往北方。

第五卦　水天需卦

水天需卦是水在天上等待著準備下雨之意，這跟水雷屯卦的差異，一是平靜下的情況，一是危險動亂的狀況，因此在情境上有著很大的區別。所以占得此卦者，對於急切渴望之事物，是絕對無法立即能稱心如意的，但如果是為了某件事而要與他人談判甚久的話，那事情就可以有著成功圓滿的結局。

然而，卜到此卦時，也要有一個關鍵點要注意，那就是——雖然本卦具有「有福不用忙」的意象，但行事者卻也千萬不可抱著「守株待兔」的心態，否則結局還是會有很大的遺憾。

《彖》曰：「需者，順也。」

《序卦傳》曰：「需，養也。」

另，何楷亦云：「三陽上進而遇險阻，必待九五之援而後可以成利涉之績，故曰需。須養而成，有待而行。此卦與漸卦皆取有待而進之意。」

據傳說，本卦是古代葵順遇盜賊而占此卦，最後沒有受到傷害，而能安全地逃命脫險。

子 - - 妻財　入于穴，有不速之客三人人來，敬之終吉。

戌 - - 兄弟　需于酒食，貞吉。

申 - - 子孫　需于血，出自穴。

辰 —— 兄弟　需于泥，致寇至。

寅 —— 官鬼　需于沙，小有言，終吝。

子 —— 妻財　需于郊，利用恆，無咎。

【解評】

靈骨安此卦位者：求貴無成，求小財可得，須耐心處置，可放手一搏。不宜詞訟，不宜遠行。困苦人生試金石。貴人方在南；求財往北方，疾病宜往西方，忌往東。子女求學平平。

第六卦 天水訟卦

《說文》曰：「訟，爭也。」

《禮運》曰：「飲食男女，人之大欲存焉，有欲則爭。」

俗諺亦有云：「人為財死，鳥為食亡。」

本卦上卦為天、往上，下卦為水、往下，殊途二路違行，故有「爭」之意象。

訟者，爭、訴，含有無法調解、是非爭論、求事不遂之意。

卜到此卦時，代表時運未到，即使自己是多麼地理直氣壯，也不能強制通過而逼對方走投無路；若是正好碰上訴訟案件，那勝算更不會很大。因此，本卦的內涵意義是在於體諒、包容、協調，此點還盼日後大家在論斷碰上時，必須要體會領悟本卦的精神與內涵意象。

據傳說，本卦是漢高祖要殺丁公時，所占得可殺與否之卦，因無法調解順事，故最後仍將丁公殺死。

戌——子孫　或錫之盤帶，終朝三日褫之。

申——妻財　訟，無吉。

午——兄弟　不克訟。復即命，渝安貞，吉。

午－－兄弟　食舊德，貞厲，終吉。或從王事無成。

辰——子孫　不克訟，歸而連，其邑人三百戶，無眚。

寅－－父母　不永所事，小有言，終吉。

【解評】

靈骨安此卦位者：最忌當民意代表，社團亦宜少活動。求小財可，求小貴可。然以墨守成規為宜，如欲大力突破，中吉，終凶。如不為私利而是為公益

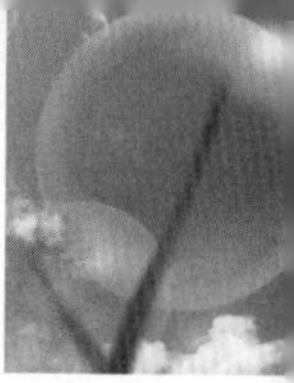

調廷有功。婚姻有公人媒合吉。財方在西，貴人方東，疾病附近就醫，子女求學平平。

第七卦　地水師卦

古代周朝的兵制是以五百人為一旅團，二千五百人為一師團，一萬二千五百人為一軍團，其中帶領著二千五百人的師團長是非常的辛苦，因此在《易經》中才用師字來表示領導人之艱辛與勞苦。當然，若是以現代的觀點來看，「師」字就可看成身為大公司或是大團體中的領導經營者，他們都必須背負著很大的責任，所以艱辛勞苦不免。因此，不論男女，若是占得此卦，在日常生活或是工作上，必然經常會成為他人依賴的目標，所以其負擔之重可想而知，但絕不可因此而拒絕他人的負託，否則必將不利於己。

《彖》曰：「師，眾也。」本卦上卦為地、下卦為水，代表著地下水之意象，而一般的常識得知，地下之水其蘊藏量必然是豐富地，且往往也無法預測其中所暗藏的危機與險惡有多大多深，但若是能夠循著正確的開鑿與疏導，則對人們必然有所好處與利益，故《象辭》曰：「君子以容民蓄眾。」

據傳說，本卦是漢朝周亞夫將軍欲伐陳時，所占得之卦。因此，最後果然打勝戰得勝歸國。

酉－－ 父母　大君有命，開國承家，小人勿用。

亥－－ 兄弟　田有禽，利執言，無咎。長子帥師，弟子輿尸，貞凶。

丑－－ 官鬼　師左次，無咎。

午－－ 妻財　師或輿尸，凶。

辰－－ 官鬼　在師中，吉，無咎，王三錫命。

寅－－ 子孫　師出以律，否臧凶。

【解評】

靈骨安此卦位者：宜困難中求突破，不宜安定中大刀闊斧披刑斬麻。困難中裁決力要強，平穩中切忌專橫拔扈。不宜求財，不宜求貴，有詞訟要力爭；無訟切忌涉及。疾病宜往東，子女求學平平。

第八卦　水地比卦

《彖》曰：「比，吉也。比，輔也，下順從上也。」

《象辭》曰：「地下有水，比。」

比者，蘊含著親近、隨和、親善、比鄰、相比、共存共榮之意。因此占得此卦，必然要以親和與共同開創的心態以待之，否則定有被人破壞功虧一簣之遺憾。

據傳說，本卦是古時陸賈攻打蠻賊時，所占卜到的卦。後來果然打敗蠻賊凱旋歸國。

子 ‐ ‐ 妻財　比之無首，凶。

戌 —— 兄弟　顯比。王用三驅，失前禽，邑人不誡，吉。

申 ‐ ‐ 子孫　外比之貞吉。

卯——　官鬼　比之匪人。

巳——　父母　比之自內，貞吉。

未——　兄弟　有孚比之，無咎。有孚盈缶，終來有他吉。

【解評】

靈骨安此卦位者：最貴敦親睦鄰，最宜參予社區活動或結黨。但心存惡念則不宜。求財以互助為吉，單闖獨鬥較難有成。求貴可得，然必以信為尚。求學平平。財方在北；貴人就在附近，疾病忌往東方，宜往西方。

第九卦　風天小畜卦

本卦中呈顯一陰應付五陽的現象，雖說柔能克剛，但畢竟力單勢薄，勉強地維持著不敗狀況。若以卦象觀之，這種情形就像天將下雨而未下，此時空中黑雲密佈，無法開展而產生沉悶不穩定的狀態。因此，只要密佈的烏雲化作雨點普降大地，那麼原本鬱悶不穩定的心情即可豁然開朗。

只要問卜而占得此卦，均可解釋物質的來源無慮，而且時運不錯；不過，若是計畫只是方才開始進行，則有被人阻止、或遭遇障礙或是容易受挫之徵驗。

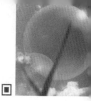

《彖》曰：「小畜，柔得位而上下應之，曰小畜。」

《象辭》曰：「風行天上，小畜。」

據傳說，本卦是韓信攻城而無法破關時，所占得之卦。因此，必也一次又一次的進攻，方才能得勝。

卯——兄弟　既雨既處，尚德載，婦貞厲，月幾望，君子征凶。

巳——子孫　有孚攣如，富以其鄰。

未- -妻財　有孚，血去惕出，無咎。

辰——妻財　輿說輻，夫妻反目。

寅——兄弟　牽復，吉。

子——父母　復自道，何其咎，吉。

【解評】

靈骨安此卦位者：宜守本份，任勞任怨，自然家道順祥，日久可有積蓄。女人易掌權，但難拓展。求財小得，求貴徒勞，出外平平，子女求學寒窗苦讀，求財就在附近，貴人方在北，疾病往南方佳。

第十卦　天澤履卦

履者，踩踏、禮、理也。本卦所顯示的是正處於踩到老虎尾巴的危險當中，因此，若是占得此卦，一定要有著從長的計畫，以及盡禮節、走正道、謙虛為懷的心態為之，方可能擺脫危險之境，否則，若採自以為是、一意孤行的行為，最後必將會有失敗之虞。

《彖》曰：「履，柔履剛也。」

據傳說，本卦是子路要出外旅行所占得之卦。後來就在旅途中，果真碰上一隻老虎掉入在洞穴中，於是子路就拔掉了這隻老虎的尾巴。

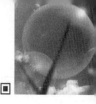

戌——　兄弟　視履考祥，其旋元吉。

申——　子孫　夬履貞厲。

午——　父母　履虎尾，愬愬終吉。

丑－－　兄弟　眇能視跛能履，履虎尾咥人凶。武人為于大君

卯——　官鬼　履道坦坦，幽人貞吉。

巳——　父母　素履往，無咎。

【解評】

靈骨安此卦位者：最忌暴躁，處事易失策，謹慎投機冒險，但對於安份守己之升斗小民最為庇佑。如能以戰戰兢兢之心處事，求貴可得，求財小得，求學平平。切忌訴訟，外出小心。財方在北，貴人方不必遠求，疾病忌往東宜往西。

第十一卦　地天泰卦

《彖》曰：「泰小往大來，吉亨。」本卦卦象上卦為地、下卦為天，二者相互往來，即可形成陰陽交姤之象，所以有著如意、順利、溝通的狀態。若是占得本卦時，代表著占卜者正處於安逸的生活、夫妻間也很恩愛、工作順利等。

據傳說，本卦是堯帝面臨退位而要將位置傳給誰，因無成器之子，所以就占卜得此卦，最後將皇位傳給了舜，也應了泰卦之徵象。

酉 ‒ ‒ 兄弟　城復于隍，勿用師，自邑告命，貞吉。

亥 ‒ ‒ 妻財　帝乙歸妹，以祉元吉。

丑 ‒ ‒ 兄弟　翩翩，不富以其鄰。

辰 —— 兄弟　無平不陂無往不復，艱貞無咎，勿恤其孚于食有福

寅 —— 官鬼　包荒，用馮河，不遐遺，朋亡，得尚于中行。

子 —— 妻財　拔茅茹，以其彙征吉。

【解評】

靈骨安此卦位者：處事較順遂，求財可得，但終仍化為烏有，先泰後否之象。如欲保不墜，必多奉獻公益，不能以獨富為懷。出外吉，求財得，求貴得，但總必回饋始得保。財方在北，貴人不必遠求，疾病忌往東方宜往西方。

第十二卦　天地否卦

俗語：「否極泰來，泰極否來。」本卦與泰卦正好是完全相反的卦，因此代表的意義與表現出來的現象，當然與泰卦是完全顛倒地。

否者，阻塞，上下不通也。《彖》曰：「天地不交，否。」君子之道消，小人之道長，人情相互對抗，彼此都缺乏圓滿；因而造成作事錯誤、萬事不通。

若是占得此卦，表示占卜者行事遇阻，無法稱心如意。否字，亦即口上加個不、加個蓋子，有如出口被堵無法打開、無法通順之意象。

據傳說，本卦是蘇秦為自己的命運而占卜，結果他是擁有極大的權勢，但卻招來他人的憎惡。（註：蘇秦，戰國時之縱橫家。）

戌——　父母　傾否。先否後喜。
申——　兄弟　休否。大人吉。其亡其亡，繫于包桑。
午——　官鬼　有命無咎，疇離祉。
卯－－　妻財　包羞。
巳－－　官鬼　包承，小人吉，大人否亨。
未－－　父母　拔茅茹，以其彙貞吉，亨。

【解評】

靈骨安此卦位者：求財難得，必經一番挫折始能有獲，求官以旁門左道易獲。難有作為，出外不吉，先否後吉之象。任勞任怨終必有成。切忌興訟。求學平平，財方在東，貴人隱遯，疾病忌往東方宜往北方。

第十三卦　天火同人卦

《象辭傳》曰：「天與火，同人；君子以類族辨物。」

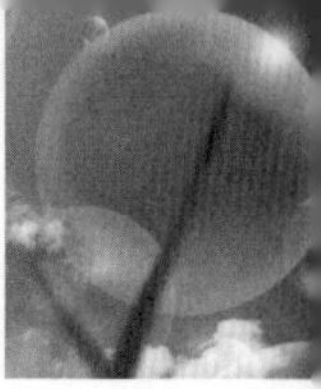

《雜卦》曰：「同人，親人也。」

本卦具有心協力、互相合作的意義，也就是著重於公而不在私，如此方能相互合作而達成任務。

另《易經》曰：「君子和而不同。」這其中又含有另一層意義，也就是雖然意見一致固然不錯，但若是所面對之事毫無意義而任意附合，那就是盲從，這樣就失去「同人」的真諦了。

據傳說，本卦是古時劉文龍離鄉背井打拚，想求得一官半職而卜得之卦，果然如其所願。

戌——　子孫　同人于郊，無咎。

申——　妻財　同人，先號咷而後笑，大師克相遇。

午——　兄弟　乘其墉，弗克攻，吉。

亥——　官鬼　伏戎于莽，升其高陵，三歲不興。

丑- -　子孫　同人于宗吝。

卯——父母　同人于門，無咎。

【解評】

靈骨安此卦位者：最宜敦親睦鄰，合伙事業。有難時不宜單打獨鬥，宜與共謀良策。有財以互助會為貴，求貴易獲提拔，出外吉，婚姻自行戀愛不如經媒撮合。求學平平，一生較易免訟災。財方在西，貴人方在東，疾病附近就醫，不宜赴遠。

第十四卦　火天大有卦

《彖》曰：「大有，柔得尊位大中而上下應之，曰，大有。」

《序卦傳》曰：「與人同者，物必歸焉，故受之以大有。」

杭辛齋釋曰：「大有亦先後同位，而其立名，不取先後天，而取對卦水地比覆象之地水師。師，眾也，變化不測，精義如神。」

《六代論》曰：「夫與人共其樂者，人必憂其憂；與人共其安者，人必極其

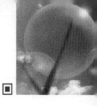

危。」

本卦離火在外，是為陽明之象，再配以乾卦之天象，象徵著太陽日麗中天的光明與寬廣、明麗，故有著「大有」之意義。因此當占得此卦者，也正是占卜者的運盛之際，凡事必然要積極的著手去進行，但千萬也不要操之過急，或是太過大意，以免造成「物極必反」的遺憾。

據傳說，本卦是藺相如要到秦國去交換和氏璧時，所占得之卦。秦王當時對和氏璧是一心想得到手，還好有藺相如的一番智慧與口才，最後終於將和氏璧騙了回來。

要想擁有「大有」的實質展現，必先持著「包容」的心態，方能成之。

巳——　官鬼　自天祐之，吉無不利。

未- -　父母　厥孚交如，威如，吉。

酉——　兄弟　匪其彭，無咎。

辰——　父母　公用享于天子，小人弗克。

寅——　妻財　大車以載，有攸往，無咎。
子——　子孫　無交害，匪咎，艱則無咎。

【解評】

靈骨安此卦位者：諸事平安順遂。求財得財；求貴得貴。但必為人謙虛，抑惡揚善，並樂于公益，如此可享盡豐盛大有之福，否則金玉其外敗絮其中，後世凋零。出外平平，求學平平。財方在東，貴人就在附近，疾病忌往南，宜往北。

第十五卦　地山謙卦

本卦是在解說待人處事之道，地位身分越是高貴、或是越有內涵之人，若是能夠待人虛懷若谷、謙遜隨和，那就不會惹到困擾與麻煩，而使自己不安與不悅。

《序卦傳》曰：「有大者，不可以盈，故受之以謙。」

老子也有說過：「既已為人，己愈有；既以與人，己愈多。」

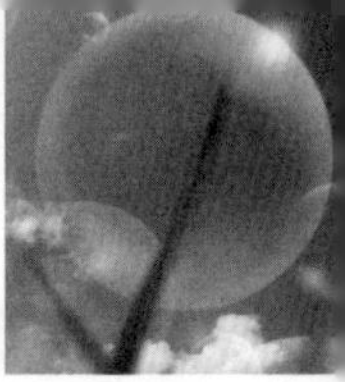

又《正義》曰：「謙者，屈躬下物，先人後己，以此待物，則所在皆通。」

據傳說，本卦是唐玄宗為逃避安祿山之亂，在逃至蜀國時，所占得之卦，最後也平安地回到長安。

酉 — — 兄弟 鳴謙。利用行師征邑國

亥 — — 子孫 不富以其鄰，利用侵伐，無不利。

丑 — — 父母 無不利，偽謙。

申 ——— 兄弟 勞謙，君子有終，吉。

午 — — 官鬼 鳴謙，貞吉。

辰 — — 父母 謙謙君子，用涉大川，吉。

【解評】

靈骨安此卦位者：諸事平平，于平穩中發展。求貴求財亦屬平平，難臻理想，為一平凡之卦。但如能以平常心處之，則一生安逸無波浪。尤其晚景閑舒。財方在東，貴人就在身邊，疾病忌往南宜往北方。

第十六卦　雷地豫卦

本卦上卦為雷、下卦為地，是為春雷一響，大地為之震動，萬物也因此由冬眠中復甦開始發芽、覓食，重現一片生機之意象。

豫者，有預期、預知、預告、預感、預先、舒暢、快樂之意，若是付諸於大自然的生態角度觀之，它又代表著復甦、重現生機、領導的涵義。所以占得此卦者，是為原本黯淡的情景，突然偶然間現出光芒、嶄露無窮的氣機。

《序卦傳》曰：「有大而能謙，必豫，故受之以豫。」

鄭玄云：「坤，順也；震，動也。順其性而動，莫不樂得其所，故謂之豫。」

據傳說，本卦是諸葛孔明要討伐南蠻時，所卜得之卦，最後當然正如卦意顯示而大獲全勝。

戌 ▬ ▬ 妻財　冥豫，成有渝，無咎。

申——官鬼　貞疾，恆不死。
午——子孫　由豫，大有得，勿疑，朋盍簪。
卯——兄弟　盱豫悔，遲有悔。
巳——子孫　介于石，不終日，貞吉。
未——妻財　鳴豫，凶。

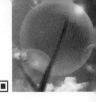

【解評】
靈骨安此卦位者：諸事皆如意，惟格局無法開拓。一般小康者易懈怠，尤其對子女教育會有不良影響。有宿疾者較難癒。出外可，宜往東忌往西，但難拓展前程，求財不遠求，貴人方在北。

第十七卦　澤雷隨卦

隨者，是為追隨、跟隨、隨從之意。簡單而言，就是順應時勢而作順勢的變化，如此即可避免掉許多不必要的錯誤發生。

是故，若是占得此卦者，即使本身實力再好、再強，最好也應跟隨時機、順應變化而為，不則極易遭致失敗之遺憾。

《序卦傳》曰：「豫必有隨，故受之以隨。」

李光地云：「卦之上下兩體及兩體之爻畫，皆以剛而下柔，降尊屈貴，忘其賢智以下於人，我能隨物，有隨之意。」

鄭玄亦有云：「震動兌悅、內動以德、外說以言，則天下之人慕其行而隨從之，故謂之隨。」

據傳說，本卦是孫臏大敗秦國回朝時，所占得之卦，故大獲全勝。

未 ▅ ▅ 妻財　拘繫之，乃從維之，王用亨于西山。

酉 ▅▅▅ 官鬼　孚于嘉，吉。

亥 ▅▅▅ 父母　隨有獲，貞凶，有孚在道以明，何咎。

辰 ▅ ▅ 妻財　係丈夫，失小子，隨有求得，利居貞。

寅 ▅ ▅ 兄弟　係小子，失丈夫。

子——父母　官有渝，貞吉。出門交有功。

【解評】

靈骨安此卦位者：諸事順遂，求官得官，求財得財。惟格局不大，欠人情債一輩子還不了，有寄人籬下之象。求學平平，仗仰人提攜一生安逸，小人物之卦氣也。婚姻易成，詞訟無礙，出外可，求財不需遠求，貴人方在北，疾病宜往東方。

第十八卦　山風蠱卦

蠱者，肚子裡生蟲，蠱，就是指這種毒蟲。簡單說，就是比喻事情從內開始敗壞起，最終就完了，這就宛如若在平穩安逸中苟且偷安，毫無居安思危的心態，那必然最容易發生「大意失荊州」之疑慮。

因此，若是占得此卦時，占卜者必然要盡快地查明事情問題之所在，然後盡一切可能去剷除之，如此方能讓事情恢復正常。

《序卦傳》曰：「以喜隨人者必有事，故受之以蠱。」
又《雜卦傳》曰：「蠱則飾也。」
蘇軾亦有釋云：「器久不用而蟲生，謂之蠱。」
據傳說，本卦是古時對馬相當有研究的伯樂占卜自己的命運所得，得此卦故而成為日後相馬的達人。

【解評】

寅——　兄弟　不事王侯，高尚其事。
子－－　父母　幹父之蠱，用譽。
戌－－　妻財　裕父之蠱，往見吝。
酉——　官鬼　幹父之蠱，小有悔，無大咎。
亥——　父母　幹母之蠱，不可貞。
丑－－　妻財　幹父之蠱，有子，考無咎，厲終吉。

靈骨安此卦位者：易有事情繁雜之感，終日勞碌，難得清閒，諸事似順非順，均須歷經挫折始安，先否後泰之象。為勵志刻苦奮發向上，逆水行舟之卦。求學最臧。求財難得，求貴無獲。求財不必遠求，貴人方在東，疾病忌往西宜往南。

第十九卦　地澤臨卦

臨者，有即將到來、面臨、以大臨小、以上臨下，以及新舊交替之際的意象。因此，若是占得此卦時，就必須要持著「隨機待變」的心態面對之，如此才能順應時勢，做出最有利的應變行為。

《序卦傳》曰：「蠱者，事也。有事而後可大，故受之以臨。」

《彖》曰：「臨，剛侵而長，說而順；剛中而應，大亨以正，天之道也。」

又韓康伯云：「可大之業，是由事而成，如臨人、臨事、臨其他一切都是。」

據傳說，本卦是古時葵琰要去和番時，所卜得之卦。最後果然雙方達和協議，安然回到祖國。

酉 — — 子孫　敦臨，吉，無咎。

亥 — — 妻財　知臨，大君之宜，吉。

丑 — — 兄弟　至臨，無咎。

丑 — — 兄弟　甘臨，無攸利，既憂之無咎。

卯 —— 官鬼　咸臨，無不利。

巳 —— 父母　咸臨，貞吉。

【解評】

靈骨安此卦位者：每事臨處即遂，信手拈來，迎刃而解，但事情易解亦易生變，故每輒歷經有時又生變，為一時居時擔當之卦。搶先機求現利者臧。子女求學易臨時抱佛腳。財方在北，貴人方在南，疾病忌往東宜往西方。

第二十卦　風地觀卦

觀者，看也、反省也、孤獨是也。從卦象看，九五之陽為至尊，其下有四陰爻服從之，彷彿部屬景仰上司，抬頭觀望之意。

觀卦之重點是在於精神層面而非物質層面。是故，若是占得此卦，宜從精神層次去推敲，對於物質層面千萬不能有絲毫的期待與貪念。

《序卦傳》曰：「臨者，大也。物大，然後可觀，故受之以觀。」

又李光地云：「古人以門闕謂之觀，取其為人所觀。」

據傳說，本卦是唐玄宗攜楊貴妃同遊月宮殿時，所占得之卦。雖不是凶卦，但也隱藏了日後孤寂的小遺憾。

卯	———	妻財	觀其生，君子無咎。
巳	———	官鬼	觀我生，君子無咎。
未	— —	父母	觀國之觀，利用賓于王。
卯	— —	妻財	觀我生，進退。
巳	— —	官鬼	窺觀，利女貞。
未	— —	父母	童觀，小人無咎，君子吝。

【解評】

靈骨安此卦位者：諸事必觀情節始著手處置，故于穩定中求發展，未能大拓展，一分耕耘一分收穫。子女求學亦復如此。財方在東，貴人就在附近。疾病宜往北方忌往南方。

第二十一卦　火雷噬嗑卦

噬嗑者，就是咀嚼之意，宛如一塊牛排，也非要經過上下排牙齒的嚼碎，我們才能品嚐它的美味，否則即使進入胃中也無法完全消化，而影響到健康。

《序卦傳》曰：「可觀而後有所合，故受之以噬嗑。」

《雜卦傳》曰：「噬嗑，食也。」

卜到此卦者，表示問卜者正處於極佳的狀態，運勢更是如日當中旺盛，儘管或許在前進過程中，存有許多障礙，但只要秉持著信心、奮力不懈，達成目標絕對是沒問題的。

據傳說，本卦是蘇秦要與六國交涉議和時，所占卜得之卦，果然他做了六國的宰相。

巳——子孫　何校滅耳，凶。

未– –妻財，噬乾肉，得黃金，貞厲，無咎。

酉——官鬼　噬乾胏，得金矢，利艱貞，吉。

辰– –妻財　噬臘肉遇毒，小吝無咎。

寅– –兄弟　噬膚滅鼻，無咎。

子——父母　屨校滅趾，無咎。

【解評】

靈骨安此卦位者：較適合開創，不適守成，尤其擔任領導任務最宜此卦，可增強整合力。從事司法工作人員亦喜此卦。求財平平，求貴小獲，運途較有波折，然終能化險為夷。求財不赴遠，貴人方在北，疾病忌往西方宜往南方。

第二十二卦　山火賁卦

賁者，有裝飾、突發、末期之美之意。本卦上卦為艮、為虎，下卦為火、為明麗，老虎在明麗的火光中，更加顯現出光彩與輝煌之象。但要注意下卦的離卦，以及艮卦的下面二爻為陰爻，都有著虛象。

若是占得本卦者，對於自我前途預測的千萬不要看得太過長遠，尤其是針對著那些外觀看起來似乎沒問題的小事，可千萬千萬不要掉以輕心，更應仔細地詳查內容的虛實，以免造成功敗垂成之遺憾。

《序卦傳》曰：「噬者，合也。物不可以苟合而已，故受之以賁。」

《象辭》曰：「觀乎天文，以察時變；觀乎人文，以化成天下。」

據傳說，本卦是管仲與鮑叔牙兩人對自己未來前途之卜，結果最終此二人相交果真情同手足。

寅——官鬼　白賁，無咎。

子 - - 妻財 賁于丘園，束帛戔戔，吝，終吉。

戌 - - 兄弟 賁如皤如，白馬翰如，匪寇婚媾。

亥 —— 妻財 賁如濡如，永貞吉。

丑 - - 兄弟 賁其須。

卯 —— 官鬼 賁其趾，舍車而徒。

【解評】

靈骨安此卦位者：諸事順遂亨通，求財小得，求貴小獲。美容業、服務業，接待員最宜此卦，可增強氣勢，但切忌深求，易造成反效果。求學平平，易求表面成績，不重實力。財方在北，貴人方在南，疾病忌往東宜往西方。

第二十三卦　山地剝卦

剝者，意指剝奪、剝落、剝離、剝削等，由卦象中亦可理會在風雨接連的侵蝕作用下，山就會被逐漸地崩塌剝落。

若是占得本卦，你正處在衰運之際，因此即使你有再完美的計畫，或是有著多大的野心，也請千萬不可貿然付之於行動，否則必敗無疑。

《序卦傳》曰：「賁者，飾也，致飾，然後亨則盡矣，故受之以剝。」

《說文》曰：「剝，裂也。」

《雜卦傳》曰：「剝，爛也。」

據傳說，本卦是古代尉遲將軍與金人打戰時，所占得的卦。最後雙方不分勝負。

寅——妻財　碩果不食，君子得輿，小人剝廬。

子- -子孫　貫魚以宮人寵，無不利。

戌- -父母　剝床以膚，凶。

卯- -妻財　剝之，無咎。

巳- -官鬼　剝床以辨，蔑貞凶。

未- -父母　剝床以足，蔑貞凶。

【解評】

靈骨安此卦位者：謹防小人近身蠶食，諸事猶如逆水推舟。求財難遂，求貴難得。素與小人周旋之司法警政人員最宜此卦，可增強對抗氣數。久病求癒者亦宜此卦，忌往南方，宜往北方。求學平平。

第二十四卦　地雷復卦

《序卦傳》曰：「物不可終盡，剝窮上反下，故受之以復。」

何安曰：「復者，歸本之名。群陰剝陽，至於幾盡；一陽來下，故稱反復。陽氣復返，而得亨通，故云復亨。」

復者，有恢復原貌之意。卦象中，呈顯所有的陰開始轉為陽，此即蘊藏著氣機將要生出之意象。

在此特別要提醒一個狀況，那就是問到婚姻問題而得此卦，有兩種情況請要分辨清楚：一則對第一次結婚者而言，本卦實在不佳，很有離婚的可能；再則，對再婚或是復婚者而言，本卦就是再好也不為過的卦。

據傳說，本卦是唐太宗即將要駕崩時，所占得的卦。結果七日後，太宗又醒過來復活了。

酉——　子孫　迷復凶，有災眚。用行師終有大敗。以其國君凶，至于十年不克征。

亥——　妻財　敦復，無悔。

丑——　兄弟　中行獨復。

辰——　兄弟　頻復，厲，無咎。

寅——　官鬼　休復，吉。

子——　妻財　不遠復，無祇悔，元吉。

【解評】

靈骨安此卦位者：最宜歷盡蒼桑，東山再起，諸事無頭緒，任憑嘗試諸策均無大礙，惟嫌無力大刀闊斧。求財求貴略有進展。浪子回頭最宜此卦。財方

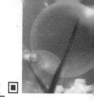

在北，貴人方在南，疾病忌往東宜往西方。切忌興訟。

第二十五卦　天雷無妄卦

《序卦傳》曰：「復則不妄矣，故受之以無妄。」

無者，無也；妄者，妄為、妄想、妄念。無妄，就是要我們在做人做事或是行為處事上，都必須要實實在在、剛健篤實之意。

若是占得本卦，最好是順勢而為，也就是現在社會最流行的兩個字「隨緣」；換句話說，就是不要刻意去做任何事或是作逃避的舉止，只要順其自然，反而可以避掉禍端。

另，無妄，也有著天災之意，代表著恐懼的危險事情隨時都圍繞在周遭，但只要順勢則或能脫離險難，先凶後吉是本卦的蘊藏生機。

據傳說，本卦是李廣將軍因為父親被老虎吃掉，而心血一起所得之卦，最後也因李廣的孝心而應驗了此卦，父親得以平安歸來。

戌——妻財　無妄，行有責，無攸利。

申——官鬼　無妄之疾，勿藥有喜。

午——子孫　可貞，無咎。

辰- -妻財　無妄之災，或繫之牛，行人之得，邑人之災。

寅- -兄弟　不耕獲，不菑畬，則利有攸往。

子——父母　無妄，往吉。

【解評】

靈骨安此卦位者：諸事順遂平穩，求財不必，求貴無用，閒適祥和中渡日。切忌大刀闊斧，傾力開創，非但徒勞無功，易有反效果。司法警政人員，領導主管等慣用心力者最忌此卦。奉獻勞力者最臧。疾病忌往西方宜往南方。

第二十六卦　山天大畜卦

《序卦傳》曰：「有無妄然後可畜，故受之以大畜。」

李道平釋曰：「乾為天命，震以動之為無妄，中庸言天命之謂性是也；乾為天德，艮以止之為大畜。大學謂明德止於至善是也，率性而行，則至善可止，大畜所以繼無妄也。」

畜者，係指長久停留，培養儲存之意。「畜養」、「畜力」、「畜物」，也就是養精蓄銳的解釋。是故，若是占得此卦，我們必須隨時隨處地畜養保存自己的實力、精力與體力，如此方能應付隨時會發生的事情，或是機會來了，即時可以去迎接起步。

據傳說，本卦是上古堯皇帝於尚未即位之前，所占得之卦。經過耐心的等待後，果然如願登基為天子。

寅——	官鬼	何天之衢，亨。
子- -	妻財	豶豕之牙，吉。
戌- -	兄弟	童牛之牿，元吉。
辰——	兄弟	良馬逐，利艱貞，曰閑輿衛，利有攸往。

寅——官鬼　與說輻。

子——妻財　有厲，利已。

【解評】

靈骨安此卦位者：利宜大刀闊斧，傾力開創。求財得，求貴獲。但必須為公益，否則會失控反效果。不適於小康平庸之輩。子女求學不錯。財方在南，貴人方在南，疾病忌往東方宜往西方。

第二十七卦　山雷頤卦

《序卦傳》曰：「物畜然後可養，故受之以頤。」

《程傳》釋義曰：「上艮下震，上下二陽，中含四陰，上止下動，外實中虛，如人頤頷之象。」

頤者，就是保養之意。意即一般所謂的飲食、精神上的保養，亦可引申養知識、養道德、養品性之精神上的「養」。由於本卦之「頤」字，若以字形觀之，仿若上顎與下顎相疊，所以也具有牙齒之意象。因此，若是卜到此卦時，也要注意牙齒與相關胃腸、消化等健康問題，更可以擴大引申為言行、是非等事件。

據傳說，本卦是張騫要去探訪水源處，以及不死之國的桃花源鄉，因而占得此卦，最後達成使命目標。

寅——　兄弟　由頤。厲，吉。利涉大川。

子－－　父母　拂經，居貞吉，不可涉大川。

戌－－　妻財　顛頤，吉。虎視眈眈，其欲逐逐，無咎。

辰－－　妻財　拂頤，征凶，十年勿用，無攸利。

寅－－　兄弟　顛頤拂經，于兵頤，征凶。

子——　父母　舍爾靈龜，觀我朵頤，凶。

【解評】

靈骨安此卦位者：最宜小康平庸，自力更生之輩，求財無得，求貴無遂，一切要靠自己來，腳踏實地，默默耕耘，寂寂奉獻。切忌力求突破，過段時日即可平穩。求學平平，疾病忌往西方宜往南方。

第二十八卦　澤風大過卦

《序卦傳》曰：「不養則不可動，故受之以大過。」

《雜卦傳》曰：「大過，顛也。」

大過，即負擔過重之意，也可引申為之前的過錯累積太多，導致無法負荷而將出現重大危機。因此，若是卜到本卦時，表示你正面臨著危險，但千萬不要因此而氣餒，仍是需要勇往直前，克服所有的困難，因為艱難困頓之後，是隱藏著無限的喜悅。從卦象看，也是一種外虛內實之象，這點要特別的去體會、領悟其中所藏的玄機。

據傳說，本卦是姜子牙在渭水釣魚時，替自己的未來所卜出的卦。所以儘管到了八十歲，最後仍得周文王的賞識與重用。

未 — — 妻財　過涉滅頂，凶，無咎。

酉 —— 官鬼　枯楊生華，老婦得其士夫，無咎無譽。

亥 —— 父母　棟隆，吉。有他吝。

酉 —— 官鬼　棟撓，凶。

亥 —— 父母　枯楊生稊，老夫得其女妻，無不利。

丑 — — 妻財　藉用白茅無咎。

【解評】

靈骨安此卦位者：易有暴衝之氣，諸事皆退一步著想，小心謹慎，自會有花開結果，手到擒來，切忌突破而棟撓。不必求財，不必尋貴，更忌興訟，子女求學易厭讀或強讀現象，疾病忌往西方，宜往南方。

第二十九卦　（習）坎卦

《序卦傳》曰：「物不可以終過，故受之於坎。」

王弼釋曰：「坎，險陷之名也。」

樊光釋曰：「坎，水也；水性平、律亦平、詮亦平。」

《象辭》曰：「君子以常德行，習教事。」

習者，即再次、重複之意，將其加之在坎字上，就代表著艱難危險重重之意象，也好比描述著船隻在海面上航行著，卻遭逢狂風暴雨而險象環生。本卦亦為《易經》六十四卦中排名「四大難卦」之一。

據傳說，本卦是安祿山占卜自己身世而得到的卦，結果，自己也是處於極其辛苦的拼命忙碌著。

子	⚋	兄弟	繫用徽纆，寘于叢棘，三歲不得，凶。
戌	⚊	官鬼	坎不盈，祇，既平，無咎。
申	⚋	父母	樽酒簋貳，用缶，納約自牖，終無咎。
午	⚋	妻財	來之坎坎，險且枕，入于坎窞，勿用。
辰	⚊	官鬼	坎有險，求小得。

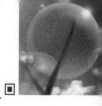

寅——子孫　習坎，入于坎窞，凶。

【解評】

靈骨安此卦位者：不宜司法警政人員，亦不宜商貿。尤以小家庭工業或投機業更忌，最宜文書處理人員或血汗維生者，求財不宜，求貴尚可，子女求學不錯，貴人方在西方，疾病宜往東方。

第三十卦：離卦

《序卦傳》曰：「坎者，陷也；陷必有所麗，故受之以離。離者，麗也。」

《雜卦傳》曰：「離上而坎下也。」

《說文》曰：「離，黃倉庚也。短尾鳥，今稱黃鸝，借用為離。」

本卦離卦，有火、明亮的象徵，但太陽畢竟是要在天空上，才能顯現出它的明亮與艷麗，同理引申，面對事情的當下，我們也必須在工作上堅守著職位與立場，如此方能充分地將能量發揮出來。但因為本卦為重離卦，有兩個太陽過熱之象，所以態度上的謹慎與審思細密，也是不可或缺的要素，否則就極有可能遭到極嚴重的傷害。

據傳說，本卦是五代朱買臣因其妻譏其為一書呆子，無用，而與其離異，故為自己的未來命運占卜所得之卦，最後終於應榜及第做了太守衣錦還鄉。

巳——兄弟　王用出征，有嘉。折首，匪獲其醜，無咎。

未— —子孫　出涕沱若，戚嗟若，吉。

酉——妻財　突如其來如，焚如，死如，棄如。

亥——官鬼　日昃之離，不鼓罐而歌，則大耋之嗟，凶。

丑— —子孫　黃離，元吉。

卯——父母　履錯然，敬之無咎。

【解評】

靈骨安此卦位者：不宜家庭小企業，較難掌握現實。演藝人員或服務業人員較能發揮氣數。只要不太過于暴衝，求財可得，求貴可遂，子女求學平平。財方在西，貴人方在東，疾病忌往北方，宜就近求醫。

第二節　下經　三十四卦

第三十一卦　澤山咸卦

《序卦傳》曰：「有天地然後有萬物，有萬物然後有男女，有男女然後有夫婦，有夫婦然後有父子，有父子然後有君臣，有君臣然後有上下，有上下然後禮義有所錯。男女之道，不能無感也，故受之以咸。」

咸者，感也，亦即對事物之感覺也，可有「感動」、「感情」、「感傷」、「感泣」、「感悟」、「有感而發」等意象。本卦上澤下艮，澤為少女、艮為少男，女上男下，是為女方主動對男孩有感覺，俗謂：「男追女隔層山，女追男一紗之隔。」

若是占得本卦時，對事物的處理與規劃，最好就以自己本身的直覺行事，部要再去找人商量或是討論，如此方能立見績效，搶得先機。

據傳說，本卦是王昭君要去匈奴和番時，所卜得之卦。由於漢元帝事先沒見過王昭君，但王昭君臨行前去向元帝告別時，元帝一看驚為天人，但令出已無法挽回，只好讓他前去，而內心抱著極大的遺憾。

未 ‑ ‑ 父母　咸其輔頰舌。

酉 —— 兄弟　咸其脢，無悔。

亥 —— 子孫　貞吉，悔亡。憧憧往來，朋從爾思。

申 —— 兄弟　咸其股，執其隨，往吝。

午 ‑ ‑ 官鬼　咸其腓，凶。居吉。

辰 ‑ ‑ 父母　咸其拇。

【解評】

靈骨安此卦位者：諸事平平，常有考慮未周，即著手莽幹之憾。求財求貴每表現一廂情願，未得回應，不得要領之惑。求學亦如此，最宜熱戀情侶未婚或晚婚求偶者，男命往東方，女命往西方。疾病忌往南方宜往北方。

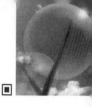

第三十二卦　雷風恆卦

《序卦傳》曰：「咸者，感也；相感則為夫婦，夫婦之道，不可不久也，故受之以恆。」

恆者，有恆常、恆心之意。但並非是相對性的常情，是宇宙自然間不變的法則，譬如四季的變化、日月的運轉、人倫五常的道統。是故，若是占得此卦，行為處事應以日月為榜樣的有恆，做人要合乎道德行為持續一致，如此就能過得幸福快樂。

據傳說，本卦是唐朝某帝王為國家占卜所得之卦，結果風調雨順、國富民安，造就一代之盛事。

戌 ‑ ‑ 妻財　振恆，凶。
申 ‑ ‑ 官鬼　恆其德，貞。婦人吉，夫子凶。
午 —— 子孫　田無禽。
酉 —— 官鬼　不恆其德，或承之羞，貞吝。
亥 —— 父母　悔亡。
丑 ‑ ‑ 妻財　浚恆，貞凶。

【解評】

靈骨安此卦位者：諸事平安，不會有大變化，求財求貴均屬平平。最宜固定收入者，不必求突破。如有疾病，拖延不得，否則易演成慢性症難癒，忌往西方宜往南方。夫婦不和最宜此卦，亦適用於家事不睦者，若因外遇將難圓融。

第三十三卦　天山遯卦

《序卦傳》曰：「恆者，久也。物不可久居其所，故受之以遯。」

另，杭辛齋云：「遯與大畜相對，一進一退，同為西北入無之方。大畜為世間法，而遯為出世法；乾天艮門、戌亥空亡，故曰遯入空門。卦象及卦數皆與佛經合，神哉，易之廣大悉備，宇宙之內，無一能外之。」

遯者，逃離、逃竄、逃跑之意。若是卜得此卦時，代表著當時正處於運勢低落、或是立足點不夠紮實，因此，最好的辦法就是腳底抹油走為上策，暫時忍耐先行離開是非之地，待他日有機會時，再重新起步運作。

據傳說，本卦是孟嘗君遇到生命攸關之際所得之卦，最後靠著門人仿雞叫司晨，方才得以逃脫而保全了生命。

戌——　父母　肥遯，無不利。

申——　兄弟　嘉遯，貞吉。

午——官鬼　好遯，君子吉。小人否。

申——兄弟　係遯，有疾厲，畜臣妾吉。

午— —官鬼　執之用黃牛之革。

辰— —父母　遯尾厲，勿用有攸往。

【解評】

靈骨安此卦位者：諸事難以進展，只能委曲求安定。小康生活或固定收入者適此卦，但忌力求突破，否則易遭挫。政治人物最忌此卦，但欲急流勇退者反宜，轉求小利小貴可得不敗，財方在東，貴人方在附近，疾病忌往南方宜往北方。

第三十四卦　雷天大壯卦

《序卦傳》曰：「遯者，退也；物不可以終遯，故受之以大壯。」

大壯者，盛大、強勢、心志之意。盛字，有滿而溢之意象，因此，「適可而

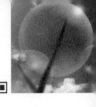

止」為本卦至上的處事原則，否則容易造成樂極生悲、失蹄落馬之遺憾。

據傳說，本卦是唐玄宗為了安祿山之亂所卜得之卦，最後只好避難去蜀，方得以平安脫險回國。

戌 ‒ ‒ 兄弟　羝羊觸藩，不能退，不能遂，無攸利，艱則吉。

申 ‒ ‒ 子孫　喪羊于易，無悔。

午 ―― 父母　貞吉，悔亡，藩決不羸，壯于大輿之。

辰 ―― 兄弟　小人用壯，君子用罔，貞厲。羝羊觸藩，羸其角。

寅 ―― 官鬼　貞吉。

子 ―― 妻財　壯于趾，征凶，有孚。

【解評】

靈骨安此卦位者：可增強實力氣勢，但忌大刀闊斧力求突破，不能求利，亦不必求貴。開創事業者最宜此卦，但切記穩紮穩打，忌求快速，更不能冒險。子女求學亦宜。疾病忌往東方宜往西方。

第三十五卦　火地晉卦

《序卦傳》曰：「物不可以終壯，故受之以晉。」

《象辭》曰：「明出地上，晉，君子以自昭明德。」

《雜卦傳》曰：「晉，晝也。」

另，何楷云：「卦所以名晉，不名進者，蓋晉之意；不特以進為進，而必以明為進。」

本卦卦象上卦為火、下卦為地，有著太陽已經升到地平線之上，不久即是日正當中的光彩燦爛時刻，象徵著事情的進展可發揮其最大的效果。

是故，若是占得本卦之時，代表著運勢正值旺盛興隆，此時更應該把握機會好好表現，如此成功出人頭地是必然的結果。

但本卦的出現也有缺失，那就是處於激烈競爭的環境中，因為表現得太過出色而遭忌。另外，也會有轉職調差或遷徙他處之徵驗。

據傳說，本卦是古人周齋問卜運途所得之卦，結果靠其才華的發揮，最後做了宰相。

巳———　官鬼　晉其角，維用伐邑，厲吉，無咎，貞吝。

未－－　父母　悔亡，失得勿恤，往吉，無不利。

酉———　兄弟　晉如鼫鼠，貞厲。

卯－－　妻財　眾允悔亡。

巳－－　官鬼　晉如愁如，貞吉。受茲介福，于其王母。

未－－　父母　晉如摧如，貞吉，罔孚，裕無咎。

【解評】

靈骨安此卦位者：諸事順遂，於穩定中進展。求利小得，求貴大獲。尤其任公職人員，或大企業之中堅份子，較得上司提拔，小家庭企業或以勞力維生者平平。財方在東，貴人就在附近，子女求學亦可進展，疾病忌往南方宜往北方。

第三十六卦　地火明夷卦

《序卦傳》曰：「晉者，進也；進必有所傷，故受之以明夷。」

《雜卦傳》曰：「明夷，誅也。」

明夷，就是傷、或失去了光亮，四周一片的漆黑。是故，若是占得此卦，表示著目前的運勢一片的慘澹黑暗，就算是有重大且緊急的計劃要實行，也必須要按耐住不能行動，或是立刻抽身停止。

據傳說，本卦是文王被囚禁在羑里，為其兒子所卜得之卦，結果伯邑考死了，而文王本身脫險。

酉 —— 父母　不明晦，初登于天，後入于地。

亥 —— 兄弟　箕子之明夷，利貞。

丑 —— 官鬼　入于左腹，獲明夷之心，于出門庭。

亥 ▅▅▅ 兄弟　明夷于南狩，得其大守，不可疾貞。

丑 ▅ ▅ 官鬼　明夷于左股，用拯馬壯吉。

卯 ▅▅▅ 子孫　明夷于飛，垂其翼，君子于行，三日不食，有攸往，主人有言。

【解評】

靈骨安此卦位者：諸事不順，易遭挫折，甚或思遭小人暗傷。為人爪牙者最宜此卦，可由旁門左道獲利。欲進階政途者此卦亦不可少，藉由明爭暗鬥而磨練心志。財方在南，貴人方在西，疾病宜往東。

第三十七卦　風火家人卦

《序卦傳》曰：「夷者，傷也。傷於外者，必返於家，故受之以家人。」

《雜卦傳》曰：「家人，內也。」

《爾雅》曰：「室內謂之家。」

另，楊時云：「家人者，治家之道。」

家人者，就是家屬、家眷、女人、父母、長輩之意。一般若是占得此卦，不論男女，行為處事或是處理事情時，都必須聽從長輩、上司或是專長的意見，而且於行為上，切忌剛愎自用、一意孤行。

據傳說，本卦是董永因妻子返回天庭所卜得之卦，最後雖然妻子因其孝心感天，有返家幫助他織布清償債務，但不久又升天回去，再也沒回來了。

卯 —— 兄弟　有孚威如，終吉。

巳 —— 子孫　王假有家，勿恤，吉。

未 – – 妻財　富家大吉。

亥 —— 父母　家人嗃嗃，悔厲吉。婦子嘻嘻，終吝。

丑 – – 妻財　無攸遂，在中饋，貞吉。

卯 —— 兄弟　閑有家，悔亡。

【解評】

靈骨安此卦位者：諸事無特殊進展，求財無得，求貴無獲，亦難以突破。家人不睦，或棄家遊子最宜本卦，可增進人倫和諧。養病亦宜此卦，忌往西方宜往南方。子女求學不宜太放縱，否則易懶散。

第三十八卦　火澤睽卦

《序卦傳》曰：「家道窮必乖，故受之以睽。」

《雜卦傳》曰：「睽，外也；家人，內也。」

《說文》曰：「從目癸聲，目不相視也。」

另，鄭玄云：「睽，乖也。火欲上，澤欲下，猶人同居而志異，故謂之睽。」睽者，就是相背、違背、相異之意。從卦象看，本卦乃兩女同居之卦象，故可引申為忌妒、憎恨、喋喋不休。是故，若是卜得此卦，表示事事不得志、做事不順遂；大事計畫失敗、小事稍有成就；正呈顯內憂外患紛現，陷入走投無路之際。

據傳說，本卦是武則天占自己的病情所得之卦，結果得名醫尚賈的治療，才將病情醫治好。

巳——父母　睽孤，見豕負塗，載鬼一車，先張之弧，後說之孤，匪寇婚媾，往遇雨則吉。

未— —兄弟　悔亡，厥宗噬膚，往何咎。

酉——子孫　睽孤，遇元夫，交孚，厲無咎。

丑— —兄弟　見輿曳，其牛掣，其人天且劓，無初有終。

卯——官鬼　遇主于巷，無咎。

巳——父母　悔亡。喪馬勿逐，自復。見惡人，無咎。

【解評】

靈骨安此卦位者：諸事平平，未能大展鴻圖，有志難伸。求財小得，求貴小獲。對於厭倦交際應酬生活欲急流勇退之賢達志士最宜此卦，可藉此擺開繁俗。不宜興訟。財方在北，貴人方在南，疾病忌往東方宜往西方。

第三十九卦　水山蹇卦

《序卦傳》曰：「睽者，乖也，乖必有難，故受之以蹇。」

《彖辭》曰：「蹇，難也。」

《說文》曰：「蹇，跛也。」

本卦也是《易經》中「四大難卦」之一，在《易經》原典中亦有「見蹇即止者智也」的解釋。所以舉凡在生活上，或是事業上，只要看到危險、災難將致之時，就必須立即閃躲離開，等到為難過去、時機到來之際，再圖努力衝刺則可達成希望，這也是吾人必須具備的「自我保護」的常識。

據傳說，本卦是鍾離占卜自己命運所得之卦，最後儘管贏得勝利，但原本可以做上楚王的人，但卻沒那個命，只有徒負吁噓了。

子 ‐ ‐ 子孫　往蹇，來碩，吉。利見大人。

戌 —— 父母　大蹇，朋來。

申——兄弟　往蹇，來連。
申——兄弟　往蹇，來反。
午——官鬼　王臣蹇蹇，匪躬之故。
辰——父母　往蹇，來譽。

【解評】

靈骨安此卦位者：平常諸事總覺窒感，遇事更難突破，惟有逆來順受一策，久而久之，自然無事，求財無得，但可求貴。子女教育只要不見其變歹囝，可順其自然。貴人不必遠求，疾病忌往南方，宜往北方。

第四十卦　雷水解卦

《序卦傳》曰：「蹇者，難也。物不可以終難，故受之以解。」

解者，有散、鬆弛、解開、解散、解放、解釋、解決等意。由卦象看，震在外，坎險在內。若依照五行相生原理即坎水生震木，則寓意著寒冬之坎險，到了春天時，自然就會有草木孳發的喜事誕生。

本卦出現時，表示占卜者遇到艱難困擾之事，都可以順利地獲得解決。卜到本卦正是運勢好轉的現象，只要適當地掌控拿捏好，即可匯集一身的幸運。不過，解者，亦有鬆弛、解散之意，所以可千萬不要掉以輕心、得意忘形，最後是積極地處理完成之。

據傳說，本卦是楚國項羽作戰被圍困所得之卦，雖是逃出重圍，但敵軍卻是窮追不捨，最後大嘆天將亡我也，而自刎身亡。

戌	- -	妻財	公用射隼于高墉之上，獲之無不利。
申	- -	官鬼	君子惟有解，吉，有孚于小人。
午	——	子孫	解而拇，朋至斯孚。
午	- -	子孫	負且乘，致寇至，貞吝。
辰	——	妻財	田獲三狐，得黃矢，貞吉
寅	- -	兄弟	無咎。

【解評】

靈骨安此卦位者：有劫後重生之象。求財得財，求貴獲貴，惟皆屬短暫利益。凡事以養精蓄銳較宜。解訟，痊病最宜此卦，疾病忌往西方宜往南方，求財不必遠求，貴人方在北。求學平平。

第四十一卦　山澤損卦

《序卦傳》曰：「解者，緩也。緩必有所失，故受之以損。」

《說文》曰：「從手員聲，減也。」

另，蘇軾釋云：「自陽為陰謂之損，自陰為陽謂之益。兌本乾也，受坤之施而為益，則損下也；艮本坤也，受乾之施而為艮，則益上也。」

損者，益也。本卦之損意，並非是一般觀念中的損失、損害或是折損，而是損上益下、先難後易之意象。簡單說，這種損是可以獲得回報的，只要克制自己安分守己，不去追求眼前的利益，則日後必會有很大的獲益。

據傳說，本卦是薛仁貴出征打戰時，所占得之卦，最後不但獲勝，而且也成為很有名望的人。

寅——官鬼 弗損益之，無咎，貞吉，利有攸往，得臣無家。
子－－妻財 或益之，十朋之龜，弗克違，元吉。
戌－－兄弟 損其疾，使遄有喜，無咎。
丑－－兄弟 三人行，則損一人；一人行，則得其友。
卯——官鬼 利貞，征凶，弗損益之。
巳——父母 已事遄往，無咎，酌損之。

【解評】

靈骨安此卦位者：諸事難以進展，求財無得，求貴無獲，一切只有先付出始有收穫。付出一半，可收穫一倍，吃虧乃佔便宜之卦也。激勵之氣甚強，尤以為人處事更是不二圭臬。切忌興訟。子女求學有挫折感，但終必有成。疾病忌往東方宜往南方。

第四十二卦　風雷益卦

《序卦傳》曰：「損而不已必益，故受之以益。」

《易大傳》曰：「損，德之修也；益，德之裕也。」又云：「損，先難而後易；益，長裕而不設。」

《說文》曰：「益，饒也。字象注水在器皿，為益。」

益者，利益、增加、盈滿。本卦中的益並非一般單純的利益，而是一種先損而後益的意象。再由卦象看，本卦上卦為風、下卦為動，二者均含有動的意味，所以若是占得本卦時，想要得益，就必須很積極地去打拼、去活動，如此方可合乎卦意，而後獲得實質的利益。

據傳說，本卦是伯牛於生病時，對自己的命運所卜得之卦，此人一生狡猾害人，最終遭致殺身之禍而了結其罪惡的一生。

卯——兄弟　莫益之，或擊之，立心勿恆，凶。

巳——子孫　有孚惠心，勿問，元吉，有孚惠我德。

未－－妻財　中行，告公從，利用為依遷國。

辰－－妻財　益之用凶事，無咎。有孚中行，告公用圭。

寅－－兄弟　或益之十朋之龜，弗克違，永貞吉。王用享于帝吉。

子——父母　利用為大作，元吉，無咎。

【解評】

靈骨安此卦位者：諸事順遂，可大刀闊斧力展鴻圖。但需要一先決條件，必須大作為，而且為公益。否則非特無益反而有害。求財求貴均可順遂。求財不必遠，貴人方在北。子女求學要力勤始有獲。疾病忌往西方宜往北方。

第四十三卦　澤天夬卦

《序卦傳》曰：「益而不已必夬，故受之以夬。」

《彖辭》曰：「夬，決也。」

《周易析中》曰：「澤上于天，所謂稽天之侵，必潰決無疑。」

夬者，決斷、決定、決議之意。由卦象看，五陽決一陰，是為正確理智的決，而非如五陰決一陽之剝卦；這正宛如激憤的群眾在對抗獨裁暴權的政府般，具正當性與合理性。因此，若是占得此卦時，作事絕不能無理勉強，也不要太過剛硬粗魯，應該要等待自然的時機解決，如此方能萬事亨通順利。

據傳說，本卦是韓信為自己的命運所占得的卦，雖然其貌不揚的他，也一直被人瞧不起，但最後憑著他超人的耐性，得以當上統領百萬雄兵的大將軍。

未 ‑ ‑ 兄弟　無號，終有凶。

酉 —— 子孫　莧陸夬夬，中行無咎。

亥 —— 妻財　臀無膚，其行次且，牽羊悔亡，聞言不信。

辰 —— 兄弟　壯于頄有凶，君子夬夬獨行遇雨，若濡有慍無咎。

寅 —— 官鬼　惕號，暮夜有戎，勿恤。

子 —— 妻財　壯于前趾，往不勝為咎。

【解評】

靈骨安此卦位者：諸事順遂，安泰中求發展，力展鴻圖不若平穩渡日。羊毛出在羊身上，得多少即失去多少，擺攤位生意業者最宜此卦。求財，求貴，求學均屬平平，最忌興訟是非。疾病忌往東方，宜往西方。

第四十四卦　天風姤卦

《序卦傳》曰：「夬，決也。決必有所遇，故受之以姤。」

另，王弼《蛾術篇》釋曰：「姤者，遘、媾也。」

姤者，女盛也，相遇、不期而遇也。是故，若是占得此卦，表示會碰上意料之外的人或是發生意外之事；另外，也能表示由女性領導的事物，可以很容易的獲得成功。但要在合情合理的條件下，否則必敗無疑。

據傳說，本卦是呂后占卜自己命運所得之卦。當呂后野心地篡得皇位後，用專權蠻橫的手段治理政治，最後還是無法順利地處理朝政。

戌——父母　姤其角，吝，無咎。

申——兄弟　以杞包瓜，含章。有損自天。

午——官鬼　包無魚，貞凶。

酉——兄弟　臀無膚，其次次且，厲。無大咎。

亥——子孫　包有魚，無咎，不利賓。

丑－－父母　繫于金柅，貞吉，有攸往見凶。羸豕孚蹢躅。

【解評】

靈骨安此卦位者：諸事無輔，求財不得，求貴無獲，卻可止惡。好勇鬥狠，好逸惡勞者宜此卦，有止遇物用之功。又此卦為情遇之卦，有越婚齡又遲不婚者，亦適此卦，較易有異性情遇之緣。疾病忌往南方宜往北方。

第四十五卦　澤地萃卦

《序卦傳》曰：「姤者，遇也。物相遇而後聚，故受之以萃。」

《說文》曰：「艸貌，如艸之聚。」

《彖辭》曰：「萃，聚也。」

另，徐子與亦云：「天地萬物高下散殊咸則見其情之通恆則見其情之久萃則見其情之同。」

萃者，就是聚集、集合之意。再由卦象看，下卦坤、上卦兌，下土生上金，自然之象，也就是暗示著我們行為處事要合乎天道而行，如此方能萬事繁榮、利祿豐收、事事如意順遂發展亨通。但本卦也隱喻著在激烈的競爭之下，終究難免會發生一些意外事故，因此，熱鬧之外，留一分冷靜地面對狀況。

據傳說，本卦是韓信受呂太后懷疑時，所為自己所占得之卦，最後還是被呂后用計殺害。

未 - - 父母　賚咨涕洟，無咎。

酉 —— 兄弟　萃有位，無咎，匪孚，元永貞，悔亡。

亥 —— 子孫　大吉，無咎。

卯 ⚋ 妻財 萃如嗟如，無攸利，往无咎，小吝。
巳 ⚊ 官鬼 引吉，無咎。孚乃利用禴。
未 ⚋ 父母 有孚不終乃亂乃萃，若號一握為笑，勿恤往無咎。

【解評】

靈骨安此卦位者：諸事順遂，適宜領導者，公關業或服務業，以人氣旺盛而有得，店頭或小商家亦宜，得人始旺。求財以互助，求貴不必遠，子女求學若得名師啟蒙可成。最忌疾病，宜方北方，忌往南方。

第四十六卦　地風升卦

《序卦傳》曰：「萃者，聚也。聚而上者，謂之升，故受之以升。」

升者，有上升、增進、積小成大之意。本升卦的真義，不是那種一步登天的升，而是要腳踏實地、拾級而上的升。是故，凡卜得此卦，表示目前的運勢即易受外在環境所左右，因此，很需要周遭力量的支持與栽培，如此才能達成預定的理想

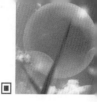

與目標。

據傳說，本卦是房玄齡為自己命運占卜所得的卦，結果他因為一心固執地要煉長生不老的藥，結果一去就沒有回來了。

酉 ▬ ▬ 官鬼　冥升，利于不息之貞。
亥 ▬ ▬ 父母　貞吉，升階。
丑 ▬ ▬ 妻財　王用亨于岐山，吉無咎。
酉 ▬▬▬ 官鬼　升虛邑。
亥 ▬▬▬ 父母　孚乃利用禴，無咎。
丑 ▬ ▬ 妻財　允升，大吉。

【解評】

靈骨安此卦位者：諸事順遂，又可大展鴻圖，尤其小家庭事業初創，更宜此卦。但必須按步就班，切忌急功進利，盲升不已必遭困。尤忌投機行業。求財得財，求貴得貴。求財不必遠，貴人方在北。不利疾病，求醫不得法易惡化，忌往西方。子女求學平平。

第四十七卦　澤水困卦

《序卦傳》曰：「生而不已，必困。」

鄭玄釋云：「坎為月，互體離，離為日，兌為暗昧，日所入也；今上弇日月之明，猶君子處亂世為小人所不容，故謂之困。」

困者，就是困厄、困難、困苦、艱困、困危之意，所以可以引申有苦惱、等待、安守本分、忍耐、忍辱負重等意象。是故，本卦也列為《易經》中「四大難卦」之一。

據傳說，本卦是古時候李德裕宰相為自己命運所卜得之卦，因受人歧視排擠，最後委屈地被罷免返鄉務農。

未 ╍╍ 父母　因于葛藟，于臲卼，曰動悔，征吉。

酉——　兄弟　劓刖，困于赤紱，乃徐有說，利用祭祀。
亥——　子孫　來徐徐，困于金車，吝，有終。
午－－　官鬼　困于石，據于蒺蔾，入于其宮，不見其妻，凶。
辰——　父母　困于酒食，朱紱方來，利用亨祀，征凶，無咎。
寅－－　妻財　臀困于株木，入于幽谷，三歲不覿。

【解評】

靈骨安此卦位者：諸事宜守不宜拓，一拓即破。尤以事業陷入困境者最宜此卦，可藉困養傷復元，假以日時，自然出困。不必求財，不必求貴，縱求無遂。子女求學較艱困，可不必在意。疾病忌往南方，宜方北方。

第四十八卦　水風井卦

《序卦傳》曰：「困乎上者必反下，故受之以井。」
《彖辭》曰：「井，養而不窮也。」

《易大傳》曰：「井，德之地也。」又曰：「困以寡怨，井以辨義。」

另有《大學》中的一句話更能深層的釋義曰：「安而後能慮，慮而後能得，……定而後能靜。」

井者，靜也、定也、堅守原則也。是故，若是卜得此卦，絕對不要因小事而變更原本的計畫，否則終必釀成大禍。因此，要守靜、勿焦躁、勿憂慮，即是本卦意義之精隨。

據傳說，本卦是楊貴妃為自己的命運所卜得之卦，但因本身原則不夠，最終還是在馬嵬被殺死。

子 - - 父母　井收勿幕，有孚元吉。

戌 —— 妻財　井列寒泉食。

申 - - 官鬼　井甃，無咎。

酉 —— 官鬼　井渫不食，為我心惻。可用汲，王明並受其福。

亥 —— 父母　井谷射鮒，甕敝漏。

丑——　妻財　井泥不食，舊井無禽。

【解評】

靈骨安此卦位者：諸事平穩安定，來者自來，去者自去。如欲保持平穩不求力展鴻圖者，最宜此卦。雖無進展，亦不懼破敗，惟也終日乾乾，否則難保不墜。求財求貴均不加多，子女求學較能勤奮。疾病較難癒，忌往西方，宜往南方。

第四十九卦　澤火革卦

《序卦傳》曰：「井道不可不革，故受之以革。」

《雜卦傳》曰：「革，去故也。」

《說文》曰：「獸皮治去其毛。」

格者，即改革、革新、改變、革命是也。本卦主要在說明變易之道，若卜得此卦，代表著有事情必須要徹底地去做改變，不能僅做表面的虛應故事，或是固執地一味堅持守舊，那就一定會有不好的禍事發生。

據傳說，本卦是漢高祖的手下將領彭越在困戰中所占得之卦，最後由於取得友軍支援，而得以挽回一命。

未 — — 官鬼　君子豹變，小人革命，征凶，居貞吉。

酉 —— 父母　大人虎變，未占有孚。

亥 —— 兄弟　悔亡，有孚改命吉。

亥 —— 兄弟　征凶，貞厲，革言三就，有孚。

丑 — — 官鬼　巳日乃革之，征吉無咎。

卯 —— 子孫　鞏用黃牛之革。

【解評】

靈骨安此卦位者：冀求改頭換面，重新整裝待發者最宜此卦。舉凡去故取新，勵改惡習，浪子回頭，發憤圖強者均適此卦。子女求學亦宜。但不宜求財求貴，只宜脫胎蛻變。久病不癒者如藉助此卦，下定決心改變生活作息習慣，可獲改善，宜往東方。

第五十卦　火風鼎卦

《序卦傳》曰：「革物者，莫若鼎，故受之以鼎。」

《雜卦傳》曰：「革，去故也；鼎，取新也。」

《易經證釋》載曰：「鼎之功用，不可量也。夏禹鑄九鼎以昭示天下，天下遂歸夏，而世傳之；湯武革命，遷鼎建國以開基業，天下服之，皆視鼎之所在，為社稷之保，宗廟之尊，得之者，君臨四海；失之者，放逐誅夷，以鼎能養民也。」

《說文》曰：「三足兩耳，和五味之寶器。」

另，邱富國也說：「以鼎繼革，所以示變革之後，當端重以守之，其旨微矣！」

鼎者，三足之物品，缺一不能成物，故有著親和、調和之意。另外，鼎卦也有著決定的意象，是一種過程的引申意義；再者，生的食物經過鼎的烹煮，就成了美味的食品，因此，亦有著取新去舊之意。

據傳說，本卦是所卜得之卦，但因其德性不好，因此最終九鼎失去其中的一鼎，仍是找不回來。

巳——　兄弟　鼎玉鉉，大吉，無不利。

未－－　子孫　鼎黃耳金鉉，利貞。

酉——　妻財　鼎折足，覆公餗，其形渥，凶。

酉——　妻財　鼎耳革，其行塞，雉膏不食，方雨虧悔，終吉。

亥——　官鬼　鼎有實，我仇有疾，不我能即，吉。

丑－－　子孫　鼎顛趾，利出否，得妾以其子，無咎。

【解評】

靈骨安此卦位者：諸事只要廢盡心血，深謀遠慮，必可遂願。不必求財，不必求官，更不必冀求不勞而獲，宜治煉鑄陶製造等業。子女求學有激勵作

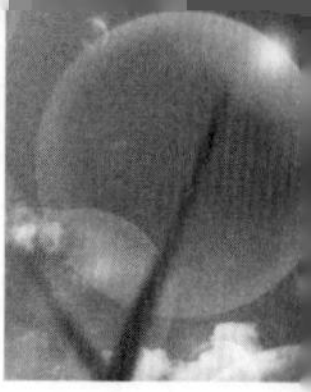

用。疾病忌往北方，宜附近求醫。忌興訟。

第五十一卦　震　卦

《序卦傳》曰：「主器者，莫若長子，故受之以震。」

經云：「震驚徐方，如雷如霆，徐方震驚。」

《易經證釋》載曰：「震，動也、作也、又驚也。字從雨乃雲之省，下為辰，雖諧音，亦會意；以震為雷，亦包眾形，則陽氣洩於太空，行於雲中。其象如古回字，故名雷，即震也；震乃雷之用，雷見必震、雷鳴心動，不獨氣之動，凡物皆隨之動，此所以能動作萬物，而皆升起也。」

另，李光地釋云：「氣之初動，有驚懼奮發之意，人心亦如之。震之義也，震之驚懼，是法乾之惕；震之奮發，是法乾之健。惕，則無咎；健，可致福。」

震者，雷也、動也。上下雙雷一起發動其聲響之大可傳百里，若是突然打雷時，常會令人驚駭不已，但是，當雷鳴逐漸遠離後，天空又會豁然開朗。

是故，若是占得此卦時，表示過程中是一種「有驚無險」的徵象，或者只是虛張聲勢而無實質的內涵，所以只要能夠沉著應付，以及有著充分的準備，這種只是「雷聲大雨點小」的假象，就起不了絲毫的效應。

據傳說，本卦是李靖遇險所占得之卦，最後因為本身就具備了很厚實的實力，因而脫困平安回家。

戌 ━ ━ 妻財　震索索，視矍矍，征凶。震不于其躬，于其鄰，無咎，婚媾有言。

申 ━ ━ 官鬼　震往來厲，億無喪有事。

午 ━━━ 子孫　震遂泥。

辰 ━ ━ 妻財　震蘇蘇，震行無眚。

寅 ━ ━ 兄弟　震來厲，億喪貝，躋于九陵，勿逐，七日得。

子 ━━━ 父母　震來虩虩，後笑言啞啞吉。

【解評】

靈骨安此卦位者：適宜藍領及黑領階級，只要靠自己的勞力心力，以血汗維生者最宜此卦。不怕環境遽變，不必求財，不必求貴，以不變應萬變，子女求學平平，疾病忌往西方，宜往南方。

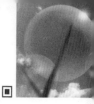

第五十二卦 艮 卦

《序卦傳》曰：「物不可以終動，止之，故受之以艮。」

《雜卦傳》曰：「震，起也；艮，止也。」

《周易本義》曰：「時止而止，止也；時行而行，亦止也。」

艮者，山也、止也、靜也、穩重也。另，本卦亦隱藏著危險之意象，因卦象為兩座大山，一旦崩塌就會造成危險的情況。是故，若是占得此卦者，最好將慾望降低，事情看平淡些，眼光放遠些，凡事採靜默守身的處事態度對待之即可，切勿奢望獲得他人之肯定，或急於建立功業，否則將會受到嚴重的傷害。

據傳說，本卦是漢高祖被項羽圍困時，所占得之卦，由於漢高祖死守著陣地，不敢亂動行事，結果不但打敗了項羽，甚至逼的項羽自刎於烏江。

寅——官鬼　敦良，吉。

子－ －妻財　艮其輔，言有序。

戌－ －兄弟　艮其身，無咎。

申——子孫　艮其限，列其夤，厲薰心。

午－ －父母　艮其腓，不拯其隨，其心不快。

辰－ －兄弟　艮其趾，無咎，利永貞。

【解評】

靈骨安此卦位者：諸事皆停滯，求財不得，求貴無獲。最宜訴訟，解冤。疾病或正惡化之事業等可獲止滯，但必做公益始靈，凡有困擾宜往西方求解，忌往東方。子女求學此卦無助。

第五十三卦　風山漸卦

《序卦傳》曰：「艮者，止也。物不可終止，故受之以漸。」

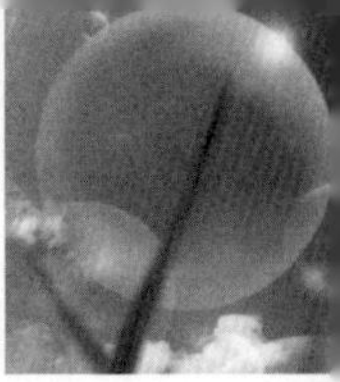

漸者，就是進，是依照自然的道理去漸進，而非以無理強迫的方式來進行；但也不是自己完全不動，而讓他人去動的意思。簡單說，就是該動就要動，而且要循次漸進的動，能如此，則不論是行事、求事，都會有所成就。

據傳說，本卦是齊國晏子為自己求官，所卜得之卦，最後果然如願以償地做了宰相。

卯——　官鬼　鴻漸于陸，其羽可用為儀，吉。

巳——　父母　鴻漸于陵，婦三歲不孕，終莫之勝，吉。

未- -　兄弟　鴻漸于木，或得其桶，無咎。

申——　子孫　鴻漸于陸，夫征不復，婦孕不育，凶。利禦寇。

午- -　父母　鴻漸于磐，飲食衎衎，吉。

辰- -　兄弟　鴻漸于干，小子厲，有言，無咎。

【解評】

靈骨安此卦位者：諸事亨通，更有漸入佳境之勢。求財得財，求貴得貴，惟務必循序漸進，按步就班，急速不得。一經決定，即義無反顧進行，即使不成功亦不會成仁。財方在北。貴人方在南。子女求學平平。疾病忌往東方，宜往南方。

第五十四卦　雷澤歸妹卦

《序卦傳》曰：「漸者，進也。進必有所歸，故受之以歸妹。」

惠士奇釋曰：「彖言歸妹，天地之大義，人之終始。先儒謂：卦中至互見坎離，坎月離日，陰陽之義配日月。」

歸妹者，時機不成熟，需要等待之意；也隱喻著未經成熟階段，硬要摘下而終至爛掉之意。

由卦象看，本卦九二為陽、六五為陰，陰陽與剛柔位置根本完全顛倒，所以才會有陰陽不交，時機不成熟之意。因此，若是卜到此卦，表示天地不交、運勢困厄閉塞、諸事不順、恐有禍災、無始無終，凶卦。

據傳說，本卦是古代帝堯要選妃，臣子占卜所得之卦，最後因女子年齡太小，而無法完成這項選妃活動。

戌 — — 父母　女承筐無實，士刲羊無血，無攸利。

申 — — 兄弟　帝乙歸妹，其君之袂不如其娣之袂良，月幾望，吉

午 ——— 官鬼　歸妹愆期，遲歸有時。

丑 — — 父母　歸妹以須，返歸以娣。

卯 ——— 妻財　眇能視，利幽人之貞。

巳 ——— 官鬼　歸妹以娣，破能履，征吉。

【解評】

靈骨安此卦位者：諸事宜保持現狀。不必求財，不必求官，突破不得。居婚又遲婚者最宜此卦，尤其女子宜修三從四德，必有好歸宿。子女求學平平。疾病忌往南方，宜住北方。

第五十五卦　雷火豐卦

《序卦傳》曰：「得其所歸者，必大，故受之以豐。」

《彖辭》曰：「豐，大也，明以動。」

豐者，就是豐富、豐盛、豐滿、豐潤也。但由卦象觀之，上卦之震為動、下卦之離為太陽，有水中見太陽影子之徵象，是為一種實中虛影，不真實之意。因此，若是占得此卦，即使目前的氣勢很是旺盛，但一定要抱持著「未雨綢繆」的心態以待之，否則，一旦強勁氣勢過去，接踵而來的必是無限的哀愁。所以本卦有人形容其為「殘花待雨」、「花命苦短」，即是見微之見。

據傳說，本卦是莊周卜自己命運所得之卦，由於本身劍術高超甚得趙王寵愛，故得以一世得寵而享榮華富貴。

戌 - - 官鬼　豐其屋，蔀其家，窺其戶，闃其無人，三歲不覿，凶。

申 -- 父母 來章，有慶譽，吉。
午 —— 妻財 豐其蔀，日中見斗，遇其夷主，吉。
亥 —— 兄弟 豐其沛，日中見沫，折其右肱，無咎。
丑 -- 官鬼 豐其蔀，日中見斗，往得疑疾，有孚發若，吉。
卯 —— 子孫 遇其配主，雖旬無咎，往有尚。

【解評】

靈骨安此卦位者：已是日惡中天之象，無可再進展。故求財無得，求貴無獲。但為保持原有盛勢，又不得不求。故宜大企業或王公貴侯或公關業，並得勤於社團活動。一般市井小民不宜此卦，疾病宜往東方。

第五十六卦 火山旅卦

《序卦傳》曰：「窮大者必失其居，故受之以旅。」

孔疏載云：「旅者，客寄之名；失其本居而寄他方，謂之旅。」

旅者，不定貌，不安象，也隱喻著孤獨寂寞、疲憊不安之徵象。是故，凡占得此卦者，對於事物不要看得太樂觀，也無須太過積極。簡單說，就是能過且過，採被動的姿態，看情形、看狀況而採用不同的應對方式。

據傳說，本卦是陳後主想得到一位才女，所卜得之卦，最後還是無疾而終、遺憾終生。

巳——兄弟　鳥焚其巢，旅人先笑後號咷，喪失于易，凶。

未－－子孫　射雉一矢亡，終以譽命。

酉——妻財　旅于處，得其資斧，我心不快。

申——妻財　旅焚其次，喪其童僕貞厲

午－－兄弟　旅即次，懷其資，得其童僕貞。

辰－－子孫　旅瑣瑣，斯其所取災。

【解評】

靈骨安此卦位者：諸事順其自然，宜動不宜靜。求財小得，然必赴遠求。求貴無獲，遠近皆然。適當商旅遊學之卦氣。前景茫然，惟順其自然即可亨通。財方在西，疾病忌往東方，宜附近就醫。

第五十七卦　巽　卦

《序卦傳》曰：「旅而無所容，故受之以巽。巽者，入也。」

巽者，為風、為入、為滲透、為草木、為順、為來回往返、為猶豫是也。由卦象看，本卦順從一陰、二陽之排列，故有上行下效之徵象。因此，柔順剛而天地中正，可以行志。簡單說，就是古人以此巽卦教導吾人如何來順合時宜、權衡行事，以及因勢利導、當機立斷的道理。

據傳說，本卦是范蠡卜自己命運所占得之卦。最後因為權衡情事，將西施帶往五湖遊玩，從此不再見西施的倩影。

卯——兄弟　巽在床下，喪其資斧，貞凶。

巳 ▅▅▅ 子孫　貞吉悔亡，無不利，無初有終。先庚三日後庚三日。

未 ▅ ▅ 妻財　悔亡，田獲三品。

酉 ▅▅▅ 官鬼　頻巽，吝。

亥 ▅▅▅ 父母　巽在床下，用史巫紛若，吉，無咎。

丑 ▅ ▅ 妻財　進退，利武人之貞。

【解評】

靈骨安此卦位者：諸事順遂，求財小得，求貴大獲。萬般皆如願，垂手可得，惟格局不大，亦無法開創格局。服務業或為人屬員或滿意於小成就者最宜此卦。不虞與訟，不懼謗毀。求財不必遠，貴人方在北，疾病忌往西方，宜往南方。

第五十八卦　兌　卦

《序卦傳》曰：「巽者，入也；入而後悅之，故受之以兌。」

《彖辭》曰：「順乎天而應乎人。」

兌者，就是快樂、喜悅、歡娛、兌現、兌換、推銷、雨澤之意。是故，占得此卦者，除了表示占卜者心情的喜悅外，也暗示著其人與人相處時，應該保持著溫和與誠實的態度。

據傳說，本卦是唐朝玄藏法師欲往西方取經時，所卜得之卦，雖然一路上受盡千辛萬苦，最後還是能夠排除萬難取經回國。

未 - - 父母　弔兌。

酉 —— 兄弟　孚于剝，有厲。

亥 —— 子孫　商兌未寧，介疾有喜。

丑 - - 父母　來兌，凶。

卯 —— 妻財　孚兌，吉，悔忙。

巳 —— 官鬼　和兌，吉。

【解評】

靈骨安此卦位者：諸事於平凡中安渡。求財無用，求貴不必。一切以平常心處之。為安於現狀之卦。最宜以口為業如教師，律師，公關者。疾病忌往南方，宜往北方。

第五十九卦　風水渙卦

《序卦傳》曰：「兌者，說也。說而後散之，故受之以渙。」

《說文》曰：「渙，流散也。」

渙者，就是渙發、渙散之意。簡單說，就是將內部的憂鬱、阻塞散發出來，如此必然能夠輕鬆通順。但此卦卻是不利財、不利官之卦，所以卜得此卦之時，千萬不可自求，不可強圖財利，否則事不會順遂，財利也會減少；一切都要順著自然去發展，惟有誠心誠意地做事才能有所斬獲。

據傳說，本卦是漢武帝思念其夫人，所卜得之卦，最後經由誠心地祈禱，而得以其妻魂來相見，卯——父母 渙，其血去逖出，無咎。
巳——兄弟 渙汗其大號，渙王居，無咎。
未——子孫 渙其群，元吉。渙有丘，匪夷所思。
午——兄弟 渙其躬。無悔。
辰——子孫 渙奔其機，悔亡。
寅——父母 用拯馬壯，吉。

【解評】

靈骨安此卦位者：諸事宜開創不宜守成。不必求財，不必求貴，開創但憑心血，付出多少成本就收回多少代價，一切僥幸不得。歷經劫難者最宜此卦，子女求學平常不愛讀書者亦宜用此卦，如平常用功而成績一直不好者不宜此卦。疾病忌往北方，宜附近就醫。

第六十卦　水澤節卦

《序卦傳》曰：「渙者，離也。物不可以終離，故受之以節。」

《彖辭》曰：「天地節，而四時成；節以制度，不傷財、不害民。」

節者，就是節制、節操、節度、停止、限度的意思。本卦是以四時之分明節度，來闡釋人生萬事的以節制度，言行舉止應守分寸，不可踰規越矩。然而，也不能節制過度，如此反被人予以「食古不化」、「冥頑不靈」的印象。是故，《易經》理念也說：過之與不及，均非中庸之道。

據傳說，本卦是古代孟姜女送衣給夫婿，所卜得之卦，然而因為路途遙遠，衣服尚未送到，其夫婿已然身亡。

子 ▅ ▅ 兄弟　苦節，貞凶，悔亡。

戌 ▅▅▅ 官鬼　安節亨。

申 ▅ ▅ 父母　甘節，吉，往有尚。

丑 ‒ ‒ 官鬼　不節若，則嗟若，無咎。

寅 —— 子孫　不出門庭，凶。

巳 —— 妻財　不出戶庭，無咎。

【解評】

靈骨安此卦位者：諸事安穩中渡日。求財平平，求貴平平，欲突破亦無得進展，適於勞苦工作者，或小康過日者，子女求學有寒窗苦讀之象，眼前有難者此卦亦佳。疾病宜往東方。

第六十一卦　風澤中孚卦

《序卦傳》曰：「節而信之，故受之以中孚。」

《說文》曰：「孚，從小、從子。」

杭辛齋釋曰：「中孚，亦先後天同卦位；孚者，同也。中者，巽五兌十，五十居中，故曰中孚。」

中孚者，就是真誠、真實、信服、誠信之意，也可以說是精神上的互相溝通，與生活上的循規蹈矩和互相信賴。是故，基於這種互相信任的對待態度，才不至於破壞了和諧，人生才會圓滿，事業才能發達，家庭才可以美滿幸福。

據傳說，本卦是古代周文王替自己命運所卜得之卦，最後用他的誠心誠意而致使將士用命，最後得以造就西歧的盛世。

卯——官鬼　翰音登于天，貞凶。
巳——父母　有孚攣如，無咎。
未－－兄弟　月幾望，馬匹亡，無咎。
丑－－兄弟　得敵，或鼓或罷，或泣或歌。
卯——官鬼　鳴鶴在陰，其子和之，我有好爵，吾與爾靡之。
巳——父母　虞吉，有他不燕。

【解評】

靈骨安此卦位者：惟心有信實始可大力擴展，亦可力求突破。尤其合伙事業者此卦最宜，可增進彼此之間的信任。不必求財求貴。惟心誠信實，財貴自來。財方在北，貴人方在南。子女求學平平。疾病忌往西方，宜往東方。

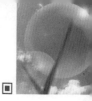

第六十二卦　雷山小過卦

《序卦傳》曰：「有其信者必行之，故受之以小過。」

《雜卦傳》曰：「小過，過也。」。

本卦與大過卦的差別是在陰陽之道，陰陽平均謂之中庸，陽為大、陰為小，陽過乎中稱之為大過，陰過乎中謂之為小過。過者，有過度、過酷、過剩的意思，簡單說，就是超過該有的限度。

若是占得此卦，在行為處事與待人方面，就必須保持著中庸誠信的態度以待之，若事呈現過度行為表現或是不自量力為之，就非常容易因而導致禍災。

據傳說，本卦是漢高祖攻打匈奴時被困，所卜得之卦，最後臣子用智慧方將救其脫險。

戌 ╴╴ 父母　弗遇過之，飛鳥離之，是謂災眚。

申 ╴╴ 兄弟　密雲不雨，自我西郊，公弋取彼在穴。

午 —— 官鬼　無咎，弗過遇之，往厲必戒，勿用之貞。

申 —— 兄弟　弗過防之，從或戕之，凶。

午 ╴╴ 官鬼　過其祖，遇其妣，不及其君，遇其臣，無咎。

辰 ╴╴ 父母　飛鳥以凶。

【解評】

靈骨安此卦位者：諸事似有朝氣但又難稱心，求財求貴，小求可如意，大求難順遂。如屬正常行業正常運作即可，不必冀求額外福祿。如遇困難始可強求，出外平平，子女求學平平。財方在東，貴人就在附近，疾病忌往南方，宜往北方。

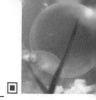

第六十三卦　水火既濟卦

《序卦傳》曰：「有過物者必濟，故受之以既濟。」

《象辭》曰：「思患而豫防。」

《說文》曰：「食熟，氣也。」

《爾雅》曰：「濟，渡也，通也。」

既濟者，就是合、完成、成就之意。本卦象呈顯陰陽均衡交替之象，就像吾人在燒開水一般，當沸點達到飽和之時，所要燒的水就滾熟了。是故，卜到本卦時，象徵著會有事業成功、成就之徵驗。

據傳說，本卦是漢朝呂布在未受用時，為自己所卜得之卦，後來終於被高祖所重用。

子 — — 兄弟　濡其首，厲。

戌 ——— 官鬼　東鄰殺牛，不如西鄰之禴祭，實受其福。

申 ‒‒ 父母　繻有衣袽，終日戒。

亥 ── 兄弟　高宗伐鬼方，三年克之，小人勿用。

子 ‒‒ 官鬼　婦喪其茀，勿逐，七日得。

卯 ── 子孫　曳其輪，濡其尾，無咎。

【解評】

靈骨安此卦位者：諸事亨通，不必求財，誠實經營財自來，不必求貴，誠實待人自無礙。刻意追求反而有害。最適宜誠實經營之小家庭事業，工於心計者不宜。先泰後否，始亨終滯之象。子女求學平平，疾病宜往西方。

第六十四卦　火水未濟卦

《序卦傳》曰：「物不可窮也，故受之以未濟。」

《尚書洪範》曰：「火曰炎上，水曰潤下。」

未濟者，就是未上軌道、還不到火侯、尚未窮盡、喪失之意。本卦與既濟卦陰陽雖平衡，但卻因位置相反，形成水火不交之象。若是卜得此卦，表示時機不好，事情不易成功，千萬不要勉強為之；但切勿因此而持悲觀的態度，因為本卦九二的剛與六五的柔是相應和的，六三的柔和與上九的剛也是相應和的，這代表著本卦仍呈有「陰陽相應」之事實，所以，只要心平氣和去面對與理出失敗點在哪，然後再遵照著計畫去實行，日後仍能有成功的一天。

據傳說，本卦是孔子在做穿洞引線時，所卜得之卦。這個引線過九洞的行為很是困難，因而請益在旁的女子，而終於成功完成這事。

巳 ——— 兄弟　有孚於飲酒，無咎，濡其首，有孚失是。

未 — — 子孫　貞吉，無悔。君子之光，有孚吉。

酉 ——— 妻財　貞吉，悔亡。震用伐鬼方，三年有賞於大國。

午 — — 兄弟　未濟征凶，利涉大川。

辰 ——— 子孫　曳其輪，貞吉。

寅 — — 父母　濡其尾，吝。

【解評】

靈骨安此卦位者：宜守成不宜開創。求財不得，求貴無遂。逆水行舟，大器晚成之象。子女求學宜此卦，可藉此砥礪，終會有成。諸事于困窮中渡過，錢財少與人來往，切忌興訟。疾病忌往北方，宜就近就醫。

附註：本塔位安卦吉凶訣，係摘錄自恩師林縱先生所著《靈骨寶塔秘典・萬年曆合訂》

後記

《易經》六十四卦卦象之內容闡述，雖然簡單但卻不失其中之真義，希望對大家有所了解與助益。

《易經》分為上、下二經，上經三十卦、下經三十四卦，所以總共六十四卦。這其中所闡述的範圍包括甚廣，先以上經乾、坤，天、地為首，而論自然界間之關係；再以下經咸、恆卦為首的男女、夫妻之道，而來闡述人文倫常與處事之道。卦卦牽連、環環相扣，而終至一氣呵成，造就出中國最偉大的哲學、科學的不朽巨著。

本書主要是在介紹占卜的理論與應用，所以對於《易經》內容的解說，實在是無法細膩地面面俱到去闡釋，這點還盼各位讀者見諒筆者為是！

每次只要寫到《易經》八八六十四卦相關內容的文章，內心總會無由地升起一股感動與敬佩的情緒，這是對曾經傳寫過這類文章的先進前輩們有感而發的。畢竟，沒有經歷過這段過程的人，無法體會出需要付出的那份精神、用心、智慧與耐力，再次利用這小小的空間表達筆者至高的敬意，各位先進前輩們！

再者，本章節中，有關靈骨寶塔位與六十四卦結合應用的斷訣，是恩師林縱先生綜觀古代先賢的智慧結晶，以及其多年的教學和臨場經驗結合而首創的，筆者僅就其大著《靈骨寶塔秘典•萬年曆合訂》一書中摘錄片段而作為內容上的輔助說明之用。

第四章 觸機占卜絕學

有關觸機占卜絕學的築基內容，筆者已於前述之各章節中，交代得很清楚且細膩，只希望有興趣的讀者，千萬要多用些精神與心思去理解，因為之後的實務應用，都必須以其為依據而論斷。

本章節的內容是更進一步地將前述之理論綜合整理，以期大家能夠更清楚明白其中的竅門應用，而達到日後實務論斷上的精準度。

在這，筆者只能用四個字來形容此絕學的趣味與無法置信，那就是「很是邪門」，至於是真？是假？抑是筆者之胡言亂語？那就請各位慢慢地讓筆者帶你進入其神秘的殿堂。

第一節　觸機占卜數字篇

簡單的幾個數字，就能清晰透徹地論斷所問事物之原委嗎？這必然是很難令人相信地。既是如此，那就跟著筆者一一地介紹給各位，當大家有了相當的認識後，自然就能體會筆者形容這套絕學的那四個字了。

一、起卦法

•**請來問事者，隨意給出三組數字。**

每組數字正確的說，是應該沒有限制的，但是基於考量（因為若是數字太大，筆者經常會有心算上的錯誤。），所以經常是限制所給的數字最好是在個位數至百位數即可。例如：45、9、258。

•**根據所給予之數字，依照數字給予的前後次序分別以：**

第一組與第二組數字除以8，取餘數為用。

第三組數字除以6，取餘數為用。

例如：45÷8=5……餘數5　取5為用（第一組）

9÷8=1……餘數1　取1為用（第二組）

258÷6=43…於數為0　取6為用（第三組）

（整除者，取8或是6為用之）

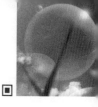

•成卦

將前面所取用之數字，前二者分別代入八卦符號即成，第三組則是為變爻位置，如此，所完成之卦就是所求的答案。

卦與數字間的關係對照如下：

乾1　兌2　離3　震4　巽5　坎6　艮7　坤8

說到這，有一個關鍵點就是對照卦之排列，要如何安佈排列呢？坊間有關卜卦的書籍，在安卦排列上，都是教大家由上往下安置，這是一個大錯特錯的資訊。其原因很簡單，就是任何的一個卦都是由下往上排置的。因此，在排卦上，又豈能有例外！

根據前所取得的數字，成卦如下：

第一組數字5　為巽卦　安於下卦

第二組數字1　為乾卦　安於下卦

故得卦為　風天小畜卦

第三組數字6　是為變爻在第六爻

如圖示：

×　䷈　風天小畜卦

變成為

䷄　水天需卦

二、卦之分法

對於所求出的卦，基於應用上的需要與論斷，可將其分為兩種，以符合觸機的精神準則。

•二分法

上卦：可視為外、上半部、上面、浮現在外。

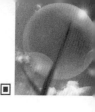

下卦：可視為內、下半部、下面、隱藏在內。

•三分法

主要是以爻位來做分別，而符合三才精神。

初爻、二爻：地。人之下身、因。

三爻、四爻：人。人之中身、發展。

五爻、上爻：天。人之上身、果。

三、卦之氣數論

每個卦都具備著氣數的發展過程，只要能夠確實理解其中之奧秘，那對於日後之實務論斷上，必可收到驚人又細膩的精準驗證。

至於要如何處置論述，以下即為各位解析闡述。

- 初爻：潛龍勿用。多卑、元士、主世、始、本。
- 二爻：見龍在田。多譽、大夫、賓客、成、元。
- 三爻：終日乾乾。多凶、諸侯、時、極、亨。

• 四爻：或躍在淵。多懼、三公、位、革、利。
• 五爻：飛龍在天。多功、天子、事、盛、貞。
• 六爻：亢龍有悔。多過、宗廟、物、終、末。

第二節　觸機占卜紫微斗數篇

觸機卜卦理論中，也有針對紫微斗數來應用卜卦的。當然，這其中就省略了紫微斗數繁星佈排的步驟，簡單地說，就是我們只用到了紫微斗數的一些內容，至於是哪些內容？筆者將會在於後的敘述中交代得很清楚，就請各位讀者耐心地看下去，保證讓你拍案叫絕！

一、溫故知新

• **紫微斗數命身宮、人事十二宮位排法訣**

命　宮：自寅宮起正月，順時鐘依序數至生月，再自該宮位逆時鐘數至生時即

福德宮 巳	田宅宮 午	官祿宮 未	僕役宮 申
父母宮 辰		男命：24.10.25.申	遷移宮 酉
申時 命宮 卯			疾厄宮 戌
兄弟宮 寅	夫妻宮 丑	子女宮 子	10月 財帛宮 亥

是。

身　宮：自寅宮起正月，順時鐘依序數至生月，再自該宮位順時鐘數至生時即是。

人事十二宮位：自命宮起逆時鐘依次佈排兄弟宮、夫妻宮、子女宮、財帛宮、疾厄宮、遷移宮、僕役宮、官祿宮、田宅宮、福德宮、父母宮等十二宮位。

例如：男命民國二十四年十月二十五日申時生人，其命盤佈排如上：

•五行命局數

紫微斗數中五行命局數的理論是很獨特且唯一，也是其他命學系統所沒有的，所以對於研習斗數的讀者而言，是必須且必備熟

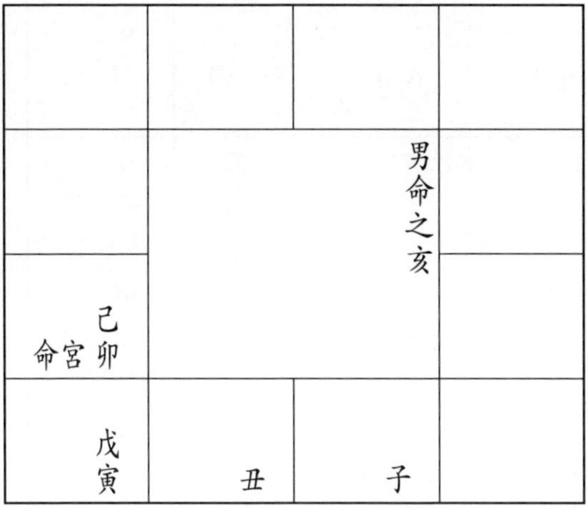

悉的理論。

五行命局數是根據著命宮之干支五行而訂定的，所以在取得之前，就必須先將各宮位之干支確定，如此即可根據著命宮之干支五行而求得。然後再遵照著以下的規定，將搭配的數字填入即成。

水二局　木三局　金四局　土五局　火六局

五行命局數的用途，一則可依據找出紫微星的位置；再則，可以按佈大限的起始歲數。

如圖示：依前例

命宮干支己卯、納音五行為「土」，故其命局數為「土五局」。

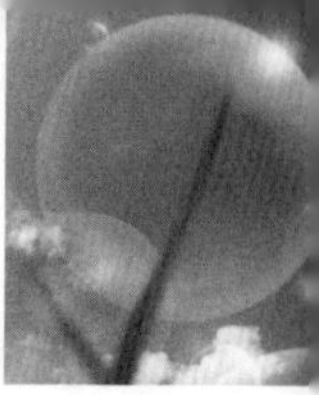

5.17 巳	6.18 午	7 85－94 未	8 75－84 子
4.16 辰	陰男、乙亥 土五局		9 65－74 遷移宮 酉
3.15 5－14 命宮 卯			10 55－64 疾厄宮 戌
2.14 15－24 兄弟宮 寅	1.13.25.… 25－34 夫妻宮 丑	12 35－44 子女宮 子	11 45－54 財帛宮 亥

• 紫微斗數運限求法

紫微斗數在論述運限有三種：一、大限，主管十年運途；二、小限，主管一年運途；三、流年限，主管一年運途。坊間有小限派、流年派之分，也各有各論述依據的角度與觀點，這就各自依其所學從之，筆者在此不多作贅述。排法如下：

大限：從命宮起，陽男陰女順時鐘安佈之，陽女陰男逆時鐘安佈之。

小限：男順排，女逆排。

寅午戌生人，從辰宮起一歲。

申子辰生人，從戌宮起一歲。

亥卯未生人，從丑宮起一歲。

•十二地支、十天干與八卦五行方位圖

巽木辰(土)	丙　丁 離火 午　巳	坤土未
乙　甲 震木 卯　寅	戊中土己	辛　庚 兌金 酉　申
艮土丑	癸　壬 坎水 子　亥	乾(土)金戌

巳酉丑生人，從未宮起一歲。

流年限：依據每年太歲起排佈之。

如圖示：依前例

◎以上資料詳細內容，各位讀者可逕自購閱拙著《斗數高手 築基篇》大展出版社發行。

二、紫微斗數觸機卜卦法起卦

本節要來跟各位介紹如何將紫微斗數與觸機卜卦結合在一起應用，這是在坊間從未發表過的資料，也是古本觸機占卜術中所獨有的，首次在此公開示人，筆者特將其整理釋義，供作為大家參考學習之便。

•本卦　副卦　變卦　六合卦之取法

紫微斗數中命宮、身宮的求法，已在前文中有詳細介紹，故不贅述。至於觸機占卜延用紫微斗數學理作為應用，首先也是要求出命宮、身宮之所在，然後再配之與卦，如此即可完成起卦的第一步驟。

首先是用以問卜者前來之日、時與分（或是時、分與秒）來作為起卦之依據。

第一個步驟：自寅宮起一日順時鐘算至該日，再以該日所坐落之宮位逆時鐘數至前來之時辰，即視為命宮所在。

第二個步驟：自寅宮起一日順時鐘算至該日，再以該日所坐落之宮位順時鐘數至前來之時辰，即視為身宮所在。

第三個步驟：依據前『十二地支與八卦方位圖』之內容，按照所求之命宮、身宮所在宮位配卦，再以命宮卦為下卦，身宮為上卦，即成「本卦」。

第四個步驟：再以本卦之旁卦配卦，即成「副卦」。

第五個步驟：再視所記錄之「分」，而決定其變爻所變出之卦，即成「變卦」。

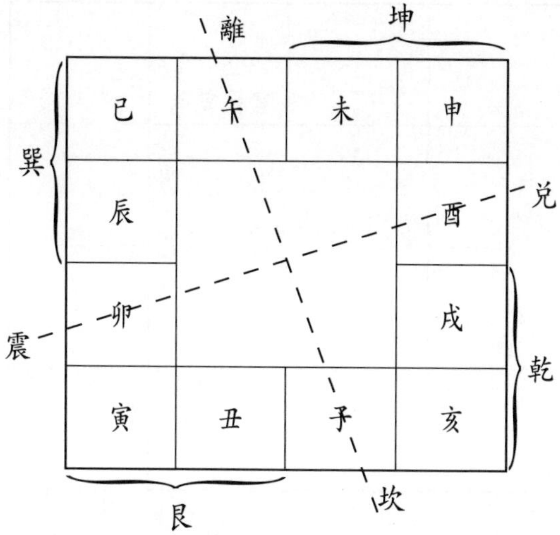

第六個步驟： 再以本卦之六合所成之卦，即成「六合卦」。

例如：問卜者前來的時間為十八日十七點三十七分

如圖示：

本　卦：䷈ 風天小畜卦

副　卦：䷵ 雷澤歸妹卦

變　卦：䷸ 風卦

六合卦：䷐ 澤雷隨卦

		官祿宮　未	
	陰男、乙亥		
命　卯			

●終身運勢起卦

前文中排出命宮、身宮後，再依照紫微斗數排列人事十二宮之法則，所排列出的人事十二宮即可作為觸機占卜的論斷應用。如論斷個性，即以命宮為下卦，身宮為上卦起卦；若是論斷財帛，則以命宮為下卦、財帛為上卦起卦；若是論斷事業，則以命宮為下卦、官祿為上卦起卦，其餘論斷均可依此類推。

例如：問卜者前來的時間為十八日十七點三十七分，問事業？

如圖示：

（假設問卜者現年三十七歲）

本　卦：䷗　地雷復卦

副　卦：䷔　火雷噬嗑卦

●觸機占卜五行命局數

觸機占卜術在求五行命局數的法則，是直接以命宮所在地支宮位五行為主，如命宮在辰，五行命局數即為「土五局」；命宮在亥，五行命局數即為「水二局」，其餘均可仿此類推。

●大限十年運勢起卦

依據前文所得命宮之所在，自命宮起算，男順排、女逆排，再依照其五行命局數為何？依其數作為第一大限的起始歲數，例如火六局生人，第一大限即為六～十五歲，第二大限即為十六～二十五歲，………依此類推即可。

例：問卜者前來的時間為十八日十七點三十七分

23－32	33－42		
13－22	陰男、乙亥 現年三十七歲 木三局		
3－12 命　卯			

如圖示：

大限卦運

本　卦：　火雷噬嗑卦

副　卦：　火雷噬嗑卦

<table>
<tr><td></td><td></td><td></td><td></td></tr>
<tr><td></td><td colspan="2" rowspan="2">陰男、乙亥
現年三十七歲</td><td></td></tr>
<tr><td>卯 命</td><td></td></tr>
<tr><td></td><td>1.13.25.
㊲
丑</td><td>子</td><td></td></tr>
</table>

•小限運勢起卦

小限起法與紫微斗數同，各位可逕行參考前文所介紹的內容即可。

例如：問卜者前來的時間為十八日十七點三十七分

如圖示：

大限卦運

本　卦：䷚　山雷頤卦

副　卦：䷂　水雷屯卦

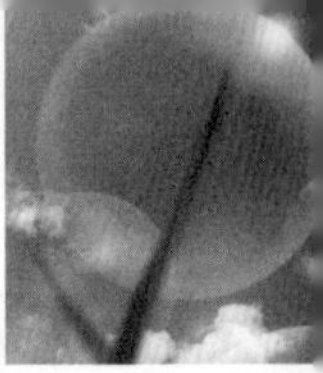

第三節　觸機占卜姓名學篇

這章節中所要介紹的姓名學卜卦法，絕非如坊間的姓名學，否則乾脆就不用寫，畢竟時下有關姓名學的書籍多如過江之鯽、無法勝數，再寫也沒啥趣味，不過是想騙些稿費而已。此舉，筆者實在無法苟同，所以也不會如法炮製。

坊間以姓名學占卜著作的書籍有之，但其理論基礎架構還都是以日本熊崎氏姓名學為依歸。這套姓名學的派別是根據日本人的姓名而創造，由白惠文先生傳來台灣；日本人姓名基本上是四字或五字，中國人的姓名是三字或二字，這中間就已經有著很大的區別與問題，更離譜的是——理論的總結論，還要再回歸中國的八十一靈動數來對照，這實在是有點不倫不類，甚至根據消息來源說，這套熊崎氏姓名學早在第二次大戰末期就被日本國人淘汰了，原因就在於準確度太低之故。可悲的是，到目前，台灣還在廣為流行。

在台灣，姓名學開館派的，也有一項很耐人尋味的豐功偉業，那就是——不管你有多少人？或是取啥名字？拿給他們鑑定，鐵定都只有一個答案，那就是「不好，要改，否則……」。

話說筆者一個友人的妻子，其家族成員共有三十七位，經由朋友介紹板橋的一位姓名學老師，結果整個家族三十七位的名字鑑定結果都不好、都要改。

我聽了直搖頭揶揄地說：「你老婆家族上、下兩代仇恨結很深哦！」否則哪會這樣地轟轟烈烈全軍覆亡啊！

至於另一項則就讓人羨慕不已了，那就是收費之高昂，更是令同行自嘆不如，如果不信，就留待讀者自己去應證唄！

一、起卦法

姓名學占卜的起卦法，是採用中國人自己的方法，所以大致上可分為兩種：其一是三字起卦法，其二是兩字起卦法，敘述如后。

第一種：三字起卦法

姓　名一　名二

- 以姓之畫數加上名一之畫數除以八，取餘數對照前述之卦數，安置下卦。
- 以名一之畫數加上名二之畫數除以八，取餘數對照前述之卦數，安置上卦。
- 以姓之畫數加名一之畫數再加名二之畫數除以六，決定變爻之所在。

如範例所示：

4　4　11

王　文　章

所成之卦：

本卦：䷖×　山地剝卦

變　卦：䷚　山雷頤卦

第二種：二字起卦法

姓　○　名

第二種的「二字起卦法」，與前面的「三字起卦法」差異點在中間無字，所以直接就以「○」看待。

如範例所示：

4		13
王	○	義

所成之卦：

本　卦：䷩ ×　風雷益卦

變　卦：䷚　山雷頤卦

二、姓名學占卜五行綜合應用

首先要請各位讀者注意的是，本套姓名學占卜所用到的五行觀念，不是一般的數字五行，而是八卦五行，這點在此首先要提出聲明，以免大家誤用而造成錯誤的判斷結果。

•八卦五行

乾	陽金	兌	陰金
離	陰火	震	陽木
巽	陰木	坎	陽水

艮　陽土　坤　陰土

•五行性情概論

木性：陽性的發展，富於野心。女行具有男人性格。
火性：個性剛強，自信心旺盛，重情重義，缺乏和諧之性。
土性：敦厚老實，木訥少言，缺乏衝勁心。
金性：外表圓滑，內心冷靜，剛愎自用，理財能力強。
水性：隨和，有智慧，勤勉忠厚，順應時代潮流。

•八卦五行組合理論

第一組：姓與名一組

【木部】：

木木：有野心，也會努力達成。
木火：清高，但勞心勞碌。

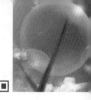

木金：講義氣，不考慮利害。在外得聲名。

木水：意志力堅定，但屬大器晚成型。

木土：實實在在，穩紮穩打。

【火部】：

火火：性急剛硬，不好相處。

火土：忠厚老實，但缺乏衝勁。

火金：個性剛強，堅毅持久，有氣魄。

火水：不畏艱險，刻苦耐勞。

火木：勞心，晚成。

【土部】：

土土：忠厚老實，但嫌固執。

土金：外表沉穩，具潛在實力。

土水：勤勉努力，容易成功。

土火：本性正直，但行事急躁。

土木：木訥，負責，實實在在。

【金部】：

金金：鬥志堅強，有財富，但銅臭味嫌重。

金水：文筆好，口才佳。

金木：熱心公益，心軟但有原則。

金火：目光短淺，剛愎自用。

金土：守信用，財運稍差。

【水部】：

水水：隨和隨緣，有智慧。

水木：藝術品味，專業出名。

水火：半途而廢，沒定性。

水土：早年困苦，中晚年運發。

水金：獨立自主，發憤圖強而成功。

三、觸占姓名學運限論斷

觸機占卜姓名學對於運限論斷分為二種，一為大限，管十年之吉凶；另一為小限，管一年之吉凶。茲分別介紹如次：

•大限法：

觸機占卜姓名學對於大限論斷法中，最為特別的是起運年歲的設定。它是取紫微斗數中「五行命局數」理論的應用，亦即：

水　二歲起運
木　三歲起運
金　四歲起運
土　五歲起運
火　六歲起運

然後再配合著「變爻所在處」依據著陽男陰女順數、陰男陽女逆數之規則開始起算。

範例：乾造、陰男

8 12 12

林 智 堯

下卦為震卦，上卦為坤卦，二爻變。如圖示：

本　卦：䷗　地雷復卦

變　卦：䷒　地澤臨卦

大限排法：本造陰男、屬金。

⚋	24—33
⚋	34—43
⚋	44—53
⚋	54—63
×⚋	4—13
⚊	14—23

•小限法：

小限排法是以變爻處起一歲算，依據男順女逆依次排列之。如前例：

⚋	5. 11…
⚋	4. 10…
⚋	3. 9 …
⚋	2. 8 …
×⚋	1. 7 …
⚊	6. 12…

第四節　觸機占卜靈骨寶塔塔位擇取篇

「靈骨寶塔」到底有沒有風水可言？

相信這個問題必然是大家心中懸疑已久的問題。其實，這個問題不但是大家會有所疑問，甚至筆者之前也是持「無風水靈動效應」的認定。畢竟，人往生後，再經過了火化之處理，早就成了灰燼，而灰燼又怎會有風水靈動之效應呢？

可是，在經過了這幾年的歷練與研究經驗，再加上也實際地接過了很多的案件後，如今，筆者可以很肯定地告訴各位讀者，「靈骨塔位」是有其風水的靈動效應存在。

至於筆者為何會有如此的大轉變，其中之原委因素，容筆者先行敘述一則處理過的實際案例，然後再分析論述。

一、案　例：

資料：妻、已故十八年，火化進塔。寶塔位於高雄市鳳山區大樹
　　夫、健在。子女都已成婚。

事情過程：

民國八十四年二、三月間，樊姓友人來造訪筆者，且告知一件挺怪異之事。其父軍人退休，最近無由故地經常夢到其妻來託夢，而且夢境居然顯現墓地之情景；怪了，明明是放在塔裡，怎會出現墓地的樣子，其父一直想不透，再加上本身又是軍人出身，一時也不以為意，然而反覆再反覆都出現同樣的夢境，心裡就開始犯了滴咕有了問號，於是就叫他的兒子來詢問，到底是怎樣的情形？

由於當時，我對靈骨塔風水一說，也抱持著懷疑的態度，只感應到好像是他母親要想「搬家」的意思，於是乎請我那位朋友回家後在他母親靈位前擲筊（要使用錢幣），問個清楚明白，再作定奪。次日，那位朋友打電來說：「聖筊三次，確定。」至此，筆者對以往的觀念已經開始動搖了，於是問明了他母親的相關資料，

就開始了正常SOP的流程。

這一切的結論，就在「破土」後當天的晚上，朋友的父親又再度夢見其妻托夢，但這次的夢境就不一樣了，在夢境中，見其妻高興地與一群孩童在墓埕前玩耍嬉戲，神情快樂又滿足。

二、大家都這麼說？

中國人對於人往生後，一向講求「入土為安」的概念，因此，對於所謂的「火化或是進塔」一說，一直是抱著不很認同的態度。也因為如此，大家才會這麼認為：「放在靈骨塔沒有風水。」

然而，真的是這樣嗎？經過筆者多年來的經驗，以及深入推敲思考的結論，其實，真正的原因不在此，那真正的原因為何呢？一個字：錢。那到底是對？是錯？我也不用說的太過明白，相信相關的同行同業大家都很清楚啦！

那到底「靈骨寶塔」是否同樣地與「土葬」都具有風水的靈動效益呢？以下筆者就以自己多年的經驗與所得提出一些意見，並盼先進同儕們能給予指教與更正為

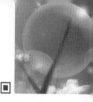

是。

(1)塔基風水之擇取

靈骨寶塔基址的擇取，一定是以大格局的角度為首要前提，主要的原因是因為靈骨寶塔是為眾人之事而非個人之事。例如：位於三芝鄉大約在白沙灘附近，由於其四周的地理位置為：背靠大屯山、左右七星山與象形山、前有八連溪、遠眺台灣海峽等，若是站在風水角度而言，是所謂的「背後有靠，左右有環抱，前面有照，照中又有庫。」的絕佳格局。因而在此處周遭許多的業者都紛紛地建造靈骨塔，也興起了一股風潮如觀自在寶塔、白沙灣安樂園、北海福座、金寶山寶塔、北海墓園、懷恩寶塔、龍巖寶塔等。

所以，對於靈骨寶塔塔基風水之擇取，大致上，可以依據著兩大原則去選定，其一是外局之地形氣勢，再者為內局之格局擺設，簡述如次：

●外局之地形氣勢：

這也就是一般所謂的「大格局的風水」，這層次業者都會延聘地理名師去做勘驗擇取的動作，大致上而言，都不會有很大的問題。

•內局之格局擺設：

這部分就經常被人們所疏忽。一般的靈骨寶塔其設計大都以八卦格式建造，然後內部大廳佈置著供佛誦經的佛堂，安供奉地藏王菩薩金尊，算是一種因應民情、合乎潮流的做法。其實，這些根本就是一種不明究理、人云亦云的作風，甚至於可說是完全地辜負了外觀大格局風水所賦予的靈動效應。

《易經》中清清楚楚、明明白白地告訴我們「先、後天」的意義，配合著方位與能量之轉移道理，以及要如何地闡釋演繹應用「三易」——不易、交易、變易之精髓奧秘。

可惜！現今能付之於應用的人實在不多，因而才會使得靈骨寶塔其所蘊含的靈氣無法得以發揮，且庇蔭後人，這實在是一件很可惜且令人遺憾的事。

(2) 靈骨塔的時代意義

「喪葬」的觀念，從古至今的演變可說是差異甚大，古時是為了用來保護先人之遺骸而造作墓塋，而現今則多加入了風水庇蔭的因素考量，儘管如此的甚大差異，但畢竟也是一種時代潮流的趨勢，自是無可厚非啦！

一般大眾對於「土葬」才會有風水之庇蔭靈動是認同與肯定的，其主要的理論觀點根據就在於「入土為安」這四個字，再更深層的認定就是先人的遺體一定要與大地結合（意即腐化殆盡，否則為「蔭屍」），其庇蔭的靈動力方可顯現出來。然而，大家似乎也忽略了一個重點，那就是能夠產生靈動效應的因素，並不在於所借用的「軀殼」導致，而是一種無形氣數的感應。所以，若僅是一味地認定「入土為安」才是重點所在，這實在還是有其待商榷之必要，尤其是面對著現今地狹人稠的空間事實，更是應該有所改良與體悟。

風水的靈動效應，就科學的角度來說，就是一種空間與時間的「磁場」感應，而風水學就是將這兩種的磁場結合與調和，使其相互間可以產生出很和諧且互補的效應，進而推及庇蔭後世子孫的靈動力。

若是理解了以上的觀念後，那不管是「土葬」或是「進塔」，其能產生的風水靈動效應必然不會有所差別。

近年來，由於工商業的突飛猛進，土地的需求量也大為增加，再加上環保意識的抬頭，因此對於一些沒有規畫或是雜草叢生且殘敗不堪的老式墳場，政府也已經開始著手在處理或是遷移，或是重新規畫，而且也鼓勵民間企業投資興建靈骨塔或有規畫的墓園，如此逐步地將一些濫葬、濫伐的土地，重新做一有效的處理與應用，所謂的「墓地公園化」就是其中最加的目標。

三、靈骨寶塔如何選取塔位

人在生時，為陽、為後天；人往生後，為陰、為先天。山川大地，為陰、為先天；山川靈氣，為陽、為後天。人之象，為不易；人往生之瞬間，為交易；往生後，為變易。這天、地、人三才因素效應，再加上先、後天卦位之磁場靈動，如此靈骨寶塔居其中，必然深受其氣數之感應，如此吉凶禍福之庇蔭即由此產生。古訣文中即可看出端倪：

「命依卦定，卦依天而擇戶，戶正且適其位，是為棲息歸位處也。」

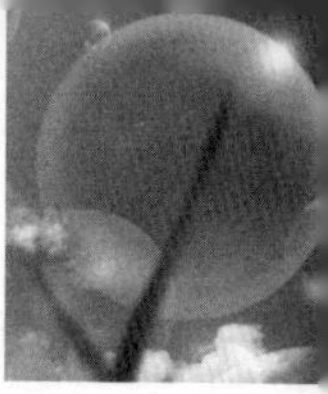

四、如何取卦與選取塔位

方法一：

依據仙命往生時間的年、月、日、時中的日與時辰來起卦。再以所得之卦融入太極先、後天對照，然後以下卦視為橫排的位置，以上卦視為直列的位置，如此所得之位即是。

範例：仙命往生時間為農曆八十七年六月二十三日酉時

• **起卦：**

下卦　艮卦

上卦　乾卦

故所得之卦為　天山遯

再者

艮卦對照先天為震卦

乾卦對照先天為艮卦

故所得之卦為　山雷頤

下卦為震、為陽卦、數為四，由下往上數的第四排。

上卦為艮、為陽卦、數為七，由左往右數的第七列。

如此的交叉所得之位置，即可做為選取的塔位。

方法二：

本法是恩師林　縱先生根據著師門所傳傳授，其內容是應用奇門遁甲法式的理論，再以玄空飛星、行事之節氣起星取卦。然而受限於師門規律，筆者也僅能概略提示之；日後，待有緣請示過恩師再予以做完整的介紹。

第五章 觸機占卜實例彙整

對於前章節所介紹的理論法則，為了讓各位讀者可以能夠親自地作實務演練與體會，筆者特於本章內，收集彙整過往的實際案例，提供大家作為參考演練，期盼能對各位有更熟練的論斷成果。

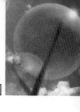

講解實例之前，特別要叮嚀有心從事占卜課業之讀者，「鐵口直斷」──雖說是從事五術者必須的精神，但所謂的世事難料、錯綜萬千，有些事情還是得看狀況行事，否則還沒輔導幫助到對方時，就先讓來問卜者深受其害，這就有違五術助人解惑的大前提了。

例如某位太太來占卜其先生在外的交友情形，而卜出了桃花滿地的卦象，你卻據實以告。沒錯，這的確是符合了「鐵口直斷」，或許你的確解卦準的不得了，但有沒有想到過，這樣的結果可能因此就會毀掉一個美滿幸福的家庭，或是造成家庭的糾紛。試問：這樣的「鐵口直斷」恰當嗎？

再者，就是占卜「倒限」的問題。何謂「倒限」？就是生命終結點。有關於這個問題，我們應該視情況來做該講或是不該講的抉擇，倘若是在平時有人問到這個問題，那根本就不需要去做占卜的課儀，主要的原因是對來問者毫無意義，假設不幸卜得對方只有三日的壽命，試想對方的感受會如何？但若是碰到對方已經是處於油盡燈枯之際，那我們可以幫他占卜看看，以便家屬在心理上好有個準備。

「觸機占卜學」，在台灣從沒看過有人發表過專書，至於實務在使用的有無，筆者不敢肯定，畢竟這門絕學幾乎快成為塵封的絕響，相信會的人，也應該寥寥無幾，希望這次的披露，大家能夠珍惜。

例一：某家公司老闆要應徵一位特別助理，除了專業訴求外，希望能找到一位能為他分擔業務之人，看看是否能如願，故前來請占問卜。

所提供的三組數字：59、121、87。

答：根據所給予的三組數字，成卦如次：

本卦： 同人卦

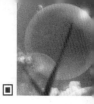

變卦：䷘ 天雷無妄卦

互卦：䷫ 姤卦

伏卦：䷀ 乾卦

根據本卦同人之意，已呈顯應徵人員的徵象；由互卦更是清楚地看出一定可以找到所需的人選。但重點在三爻多凶的隱因，所以對於其實內心的選擇標準很高，甚至顯現過高的標準，因此，伏卦的警惕意象已浮顯其內心的執著事實。

例二：一位美麗的小姐來問卜其所認識不久的男友，是否可以交往？以及兩人的個性是否合得來？特前來請占問卜。

所提供的三組數字：273、68、205。

答：根據所給予的三組數字，成卦如次：

本卦：䷡× 大壯卦

變卦：䷟ 恆卦

互卦：䷪ 夬卦

伏卦：䷀ 乾卦

根據初爻變之意象顯示，的確是剛認識不久，但由大壯卦卦象看交往的進展很快，甚至根據互卦的夬卦，可以確定已進入決定的階段。這裡最重要的在於伏卦，只要堅定意念，相信結果必然是令人稱羨。

例三：一位母親對其長子的個性行為，因其年齡的增長而更加地無法與其溝通，甚至可說是萬籌莫展，無可奈何，特來請益問卜。

所提供的三組數字：91、475、250。

答：根據所給予的三組數字，成卦如次：

本　卦：䷝（四爻動 ×）離　卦

變　卦：䷕ 賁　卦

互　卦：䷛ 大過卦

伏　卦：䷧ 解　卦

由本卦與變卦的卦象很明顯地看出所謂「叛逆期」的徵兆，性情亦呈顯非常地不穩定，所以，經常會有紕漏百出的事實。但經由伏卦來看，應該在「叛逆期」過後，這孩子的未來發展一定是可預期地。

例四：張先生最近剛調任新職務，想了解一下其主管的個性作風，好做為日後行為處事的參考，故特前來請占問卜。

所提供的三組數字：98、201、47。

答：根據所給予的三組數字，成卦如次：

本　卦：×䷉　履　卦

變　卦：䷥　睽　卦

互卦：䷤家人卦

伏卦：䷧解卦

由本卦與變卦卦象來看，張先生心理要先有準備，因為其主管有不好款待的徵象，但重點在平常時候卻又表現出一副很親密的關照，這微妙之處，還盼多用點心思為是。伏卦為解卦，著重在上卦的雷卦，所以以現在五月份來算起，最多明年開春後，這一切不好對待的情形，自然就會得以紓解。

例五：林先生近來交往了一位女友，雖然外貌氣質堪稱一流，但可惜的是在個性脾氣上的表現，實在是令人很難恭維。基於交不交往兩難抉擇，特來請占問卜，好做為自己的參考評估。

所提供的三組數字：147、91、254。

答：根據所給予的三組數字，成卦如次：

本　卦：䷝×　離　卦

變　卦：䷍　大有卦

互　卦：䷛　大過卦

伏　卦：䷛　大過卦

由本卦與變卦卦象看，的確外表是很漂亮且艷麗，之所以會讓林先生有覺得好像怪怪的感覺，我們從互卦與伏卦看，其實就很清楚能夠看出端倪。所以還是請林先生慎重地考慮清楚，以免造成事後的遺憾。

例六：吳先生有一個哥哥和兩個妹妹，之前，他還未開公司時，手足間相處得還算不錯，但自從他成立了自己的公司後，兄妹間的情份好像走了樣，為此很令其煩惱困擾，故特前來請占問卜。

所提供的三組數字：687、29、545。

答：根據所給予的三組數字，成卦如次：

本　卦：䷴ × 漸　卦

變　卦：䷳ 艮　卦

互　卦：䷿ 未濟卦

伏　卦：䷾ 既濟卦

由本卦、互卦與變卦卦象看，的確開始是漸漸地，然後就不太往來了（艮為止）。但猶可安慰地是在伏卦中顯示，儘管是外在的疏遠，但彼此在內心手足情深的意念，仍是存在地。所以吳先生不可不必這樣地失望，不用多久時間，一切都會恢復以往的親情了。

例七：陳小姐從小就有一位很要好的閨中姊妹，但自從她認識了現任的男友後，她這位好姊妹似乎變了個人樣，令她百思不解也很憂慮忡忡，故特來請占問卜，看看問題的癥結所在。

所提供的三組數字：467、251、79。

答：根據所給予的三組數字，成卦如次：

本卦：䷝ × 離卦

變　卦：䷷　旅　卦

互　卦：䷛　大過卦

伏　卦：䷧　解　卦

由本卦卦象顯示，其友目前正在熱戀中，故人、神都顯現的快樂似神仙的飄飄然。但由互卦大過卦象的引發，這段戀情應該持續不久，甚至最後會以大吵大鬧中結束，而再恢復其本來的原貌。

例八：李先生的哥哥，一直以來，對他總是陌生異常，甚至喜歡扯他後腿，令他心中疑問不解，故特來請占問卜，做為參考。

所提供的三組數字：46、25、43。

答：根據所給予的三組數字，成卦如次：

本卦：䷅× 訟卦

變卦：䷉ 履卦

互卦：䷤ 家人卦

伏卦：䷾ 既濟卦

本卦與變卦所顯示的意象，已經很清楚地描繪目前的情形。重點在互卦的處理過程與伏卦的結論，因此，建議李先生不妨可以去做ＤＮＡ的比對，相信就可解開心中的疑惑與疑慮。

例九：陳小姐問其與男友未來的情感發展如何？

所提供的三組數字：258、16、270。

答：根據所給予的三組數字，成卦如次：

本　卦：×䷒　臨　卦

變　卦：䷨　損　卦

互　卦：䷗　屯　卦

伏　卦：䷀　乾　卦

本卦以顯示有事情要降臨了，但過程卻是隱忍很久，結果卻是損卦，另，再加上伏卦的堅決意念，陳小姐應該想要結束這段感情（對方點頭默認）。我建議她說，不要再被內心的猶豫傷害自己，該怎樣就怎樣就對了。

例十：王太太憂心忡忡地來，問其老公在外是否已有小三？特來請占問卜。

所提供的三組數字：721、36、501。

答：根據所給予的三組數字，成卦如次：

本卦：䷡ × 大壯卦

變卦：䷵ 歸妹卦

互卦：䷪ 夬卦

伏卦：䷴ 漸卦

由卜出的卦象看來，你先生對你非常好，而且都很努力讓妳很有安全感。目前，主要是因為妳都聽朋友亂耳傳一些不好的訊息，但不用多久，你就可以應證我現在告訴妳的結果─放一百個心，安啦！

（有關這個問題，筆者除了替她以占卜查看外，並同時用其先生的生辰八字起盤，再以紫微斗數做更進一步的相互應證。畢竟這種事可不能輕忽待之，以免影響其家庭之和諧。請各位讀者在這要特別注意，千萬不能「鐵口直斷」乀，要仔細地斟酌研判與用語。）

例十一：李小姐最近因與其男友在交往上、心理上總感覺好像有些不對勁，而且手機通訊情形的很頻繁，故特來請占問卜，做為參考。

所提供的三組數字：85、259、437。

答：根據所給予的三組數字，成卦如次：

本卦：䷱ × 鼎卦

變卦：䷫ 姤卦

互卦：䷪ 夬卦

伏卦：䷖ 剝卦

根據本卦與變卦象的顯示，可以確定有新認識的對象，而且也有在交往的跡象，再加上伏卦的剝卦象，更可以給妳建議，真的要好好地多觀察，否則最後的結果，保證是妳吃虧。

例十二：張先生的父親身體健康欠佳，甚是擔憂，故特來請占問卜，作為參考。

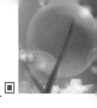

所提供的三組數字：851、279、425。

答：根據所給予的三組數字，成卦如次：

本　卦：䷕ ×　賁　卦

變　卦：䷤　家人卦

互　卦：䷧　解　卦

伏　卦：䷤　家人卦

根據本卦與變卦卦象看來，可以請張先生放心，或許是年齡大了的關係，代謝問題比較遲緩，而引發的一些經絡上的酸疼，由卦象看，頂多明年六月份之前，就會大大地改善。

例十三：王小姐剛與其男友分手，但最近總是接到莫名的匿名電話，特來請占問卜，是否是其男友在擾亂？

所提供的三組數字：657、785、198。

答：根據所給予的三組數字，成卦如次：

本卦：䷀ × 乾卦

變卦：䷌ 同人卦

互卦：䷀ 乾卦

伏卦：䷀ 乾卦

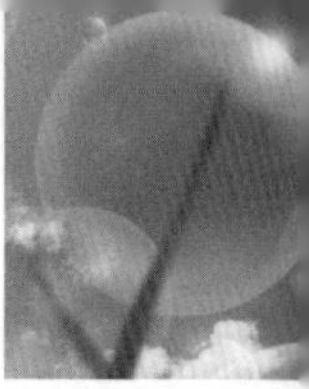

本卦、互卦與伏卦都是乾卦，雙方分手的意象與意念確定，即使再加上變卦的同人卦象，應該非其前男友所為，正確的說，十之八九是其朋友做這種騷擾的動作。這個只需要跟對方告知一下，即可獲得解決。

例十四：吳先生想要去大陸發展事業，特來請占問卜吉凶否？

所提供的三組數字：674、349、81。

答：根據所給予的三組數字，成卦如次：

本　卦：　中孚卦

變　卦：　小畜卦

互卦：䷚ 頤卦

伏卦：䷴ 漸卦

根據四組卦象來看，若是針對去大陸投資發展事業一事來判斷，算是小吉，可以前往發展。但是在過程上，想要真正賺到錢，不是短時間就可以看出成效，這點請你在心理上有先有準備。

例十五：林先生早上上班時，因為時間來不及，而乘坐計程車，但下車後，卻將重要文件遺忘在車上，特來請占問卜是否找的回來？

所提供的三組數字：713、67、294。

答：根據所給予的三組數字，成卦如次：

本　卦：䷍ ×　大有卦

變　卦：䷡　大壯卦

互　卦：䷪　夬　卦

伏　卦：䷦　蹇　卦

根據卦象看，林先生在心態上認為應該找得回來，但由於大壯卦的物極必反意象，以及伏卦的阻塞，兩者的雙重顯示，找回來的機率甚小。

（之後，林先生也去警廣，希望透過廣播節目的效果找回文件，但最後仍是音訊渺茫。）

例十六：任先生拿了他兩個兒子的姓名，特來請占問卜，是否需要改名？

- 老大：任理義
- 老二：任理銓

成卦如次：

- 老大：

任	理	義
6	12	13

成卦如下：

本卦：䷉ × 履卦

變卦：䷅ 訟卦

互　卦：䷤ 家人卦

伏　卦：䷦ 蹇　卦

結論：綜合卦象判斷，老大名字要改，否則痲煩不斷、禍患無窮。簡單地從本卦「履」之危險象，以及伏卦「蹇」之阻塞象綜合研判，即可清楚得知。

•老二：

6　12　13

任　理　銓

成卦如下：

本　卦：䷹× 兌　卦

變　卦：䷐　隨　卦

互　卦：䷤　家人卦

伏　卦：䷧　解　卦

結論：綜合卦象判斷，沒有呈顯不好的凶象，更何況有解卦的暗中幫助，所以老二的名字可以不用改。

例十七：林太太拿了她先生的姓名請我幫忙鑑定，看看是否需要改個名字？

• 先生姓名：羅俊麟

答：根據所給予的名字，成卦如次：

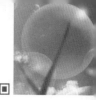

羅 18

俊 9

麟 25

本卦：革卦

變卦：夬卦

互卦：姤卦

伏卦：姤卦

綜合卦象判斷，這個名字本身就具備了開創的氣數，再加上，運途的走勢中，也會經常碰上貴人之相助，所以建議不需要更改了。目前他的運才算是剛開始，必然會有一段摸索學習期，這不但是正常也是應該的。

例十八：古小姐問新認識男友的個性，特來請占問卜，是否可以交往？

•男友姓名：林宏正先生

答：根據所給予的姓名，成卦如次：

8　7　5

林　宏　正

本卦：䷽ ×　小過卦

變卦：䷟　恆　卦

互卦：䷛　大過卦

伏卦：䷚ 頤卦

根據卦象判斷，男友個性比較具有大男人的沙文主義的典型，這在交往過程中，難免會有爭執，然而心地憨厚的人比較沒情調，但卻有責任心。因此，可建議妳試著進一步去多了解他，不錯的對象。

另，因為宏字七畫、正字五畫，基礎重量不夠穩固，日後可能會影響其事業運途，可以考慮改名。

例十九：甲山庚向，民國八十二年八月四日（陰六月十七日）十二時零分安靈。

橫靈位：甲山屬三震陽山，由最右下角靈位起由右至左順遁得4。

直靈位：該行事時辰值大暑（七月二十三日四時二十八分）後第十三日屬下元，由最左下角靈位起四巽由下而上逆遁得四。

則上巽下巽得巽為風卦即該靈位之卦。

六	七	八					
七	八	九					
八	九	一					
九	一	二					
一	二	三	巽 四 4	3	2	1	9
二 8	三 7	四 6	五 5	4	3	2	1
三 9	四 8	三 7	六 6	5	4	3	2
四 1	五 9	六 8	七 7	6	5	4	3

例二十：坤山艮向，民國八十一年三月五日（陰二月二日）二十二時三十分安靈。

		三9 豐	四8	五7	六6	七5	八4
3	2	二1	三9	四8	五7	六6	七5
4	3	一2	二1	三9	四8	五7	六6
5	4	九3	一2	二1	三9	四8	五7
6	5	八4	九3	一2	二1	三9	四8
7	6	七5	八4	九3	一2	二1	三9
8	7	六6	七5	八4	九3	一2	二1
9	8	五7	六6	七5	八4	九3	一2

橫靈位：坤山屬2坤陽山，由最右下角靈位起由右至左順遁得9。

直靈位：該行事時辰值京直（三月五日十六時五十九分）後第一日屬上元，由最右下角靈位起一坎由下而上順遁，得三。

則上震下離得雷火豐卦即該靈位之卦。

附註：範例十九、二十是摘錄自恩師林　縱先生所著《靈骨寶塔秘典・萬年曆合訂》。

◎姜威國老師

經歷：

高雄市救國團　屏東救國團　基隆市救國團　鳳山救國團

高雄市勞工大學　鳳山市民學苑　屏東文化中心　瑞隆救國團

……等紫微斗數、陰陽宅風水、觸機占卜講師

◎著作：

【命理部】

- 斗數新論闡微
- 掐指神算定乾坤
- 全方位論斗數　上下冊
- 心水數占定乾坤
- 新斗數癸花寶典—星曜易理演繹
- 簡易紫微斗數精華篇
- 新斗數癸花寶典—精選古賦文闡微
- 斗數星曜與格局新義
- 奇門遁甲入門解析
- 實用八字命學講義

- 斗數高手……實戰過招
- 斗數高手……星曜秘儀解碼
- 斗數高手……築基篇
- 婚課擇用寶鑑
- 2小時學會易經
- 突破傳統八字命學
- 紫微斗數職場致勝 上下冊
- 星座 生肖 血型三合一 論命術
- 一分鐘卜運成功
- 斗數推命自己來
- 如何創造一個好的八字格局
- 世一農民曆—西洋星座篇

【風水部】

- 風水入門
- 現代羅經理論解析
- 現代風水學巒頭總論上下冊
- 現代風水理氣探討 上下冊
- 實用風水學秘笈總斷
- 怎樣布置風水吉祥物
- 圖解吉祥家相風水
- 吉祥物擺設一次就學會
- 認識吉祥物的第一本書

【相學部】

- 趣談面相識人生
- 如來佛祖的五指山—手相學
- 你就是手相學大師
- 現代公關相人術……面相學
- 翻書就會看手相

◎姜老師授課班次：

- 開館紫微斗數班　五人小班制
- 開館觸機占卜班　五人小班制
- 開館玄空風水班　五人小班制
- 全部小班制上課，報名滿五名，立即開課。
- 姜老師服務電話：0985-314-891　0927-939-059

太極武術教學光碟

太極功夫扇
五十二式太極扇
演示：李德印 等
(2VCD)中國

夕陽美太極功夫扇
五十六式太極扇
演示：李德印 等
(2VCD)中國

陳氏太極拳及其技擊法
演示：馬虹(10VCD)中國
陳氏太極拳勁道釋秘
拆拳講勁
演示：馬虹(8DVD)中國
推手技巧及功力訓練
演示：馬虹(4VCD)中國

陳氏太極拳新架一路
演示：陳正雷(1DVD)中國
陳氏太極拳新架二路
演示：陳正雷(1DVD)中國
陳氏太極拳老架一路
演示：陳正雷(1DVD)中國
陳氏太極拳老架二路
演示：陳正雷(1DVD)中國
陳氏太極推手
演示：陳正雷(1DVD)中國
陳氏太極單刀・雙刀
演示：陳正雷(1DVD)中國

楊氏太極拳
演示：楊振鐸
(6VCD)中國

本公司還有其他武術光碟
歡迎來電詢問或至網站查詢
電話：02-28236031
網址：www.dah-jaan.com.tw

原版教學光碟

歡迎至本公司購買書籍

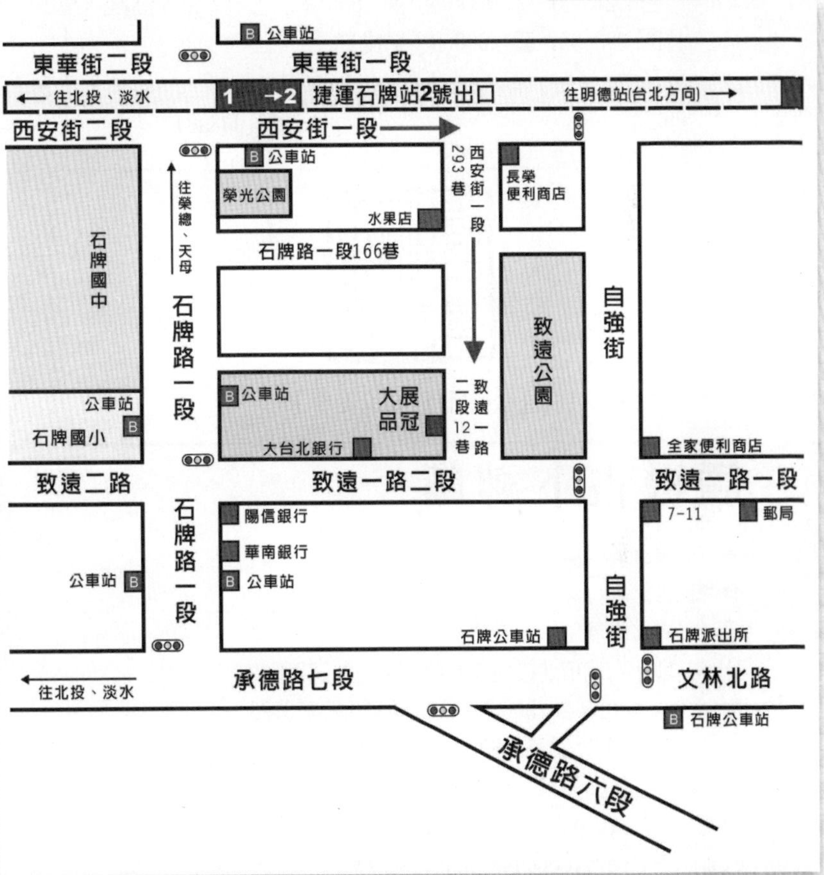

建議路線

1.搭乘捷運・公車

淡水線石牌站下車，由石牌捷運站２號出口出站(出站後靠右邊)，沿著捷運高架往台北方向走(往明德站方向)，其街名為西安街，約走100公尺(勿超過紅綠燈)，由西安街一段293巷進來(巷口有一公車站牌，站名為自強街口)，本公司位於致遠公園對面。搭公車者請於石牌站(石牌派出所)下車，走進自強街，遇致遠路口左轉，右手邊第一條巷子即為本社位置。

2.自行開車或騎車

由承德路接石牌路，看到陽信銀行右轉，此條即為致遠一路二段，在遇到自強街(紅綠燈)前的巷子(致遠公園)左轉，即可看到本公司招牌。

國家圖書館出版品預行編目資料

觸機占卜神斷／姜威國著

－初版－臺北市，大展，2012年〔民101.07〕

面；21公分－（命理與預言；83）

ISBN 978-957-557-886-9（平裝）

1.易占

292.1　　　　　　　　101008904

觸機占卜神斷

著　　者／姜　威　國

發 行 人／蔡　森　明

出 版 者／大展出版社有限公司

社　　址／台北市北投區（石牌）致遠一路2段12巷1號

電　　話／(02) 28236031・28236033・28233123

傳　　真／(02) 28272069

郵政劃撥／01669551

網　　址／www.dah-jaan.com.tw

E-mail／service@dah-jaan.com.tw

登 記 證／局版臺業字第2171號

承 印 者／傳興印刷有限公司

裝　　訂／建鑫裝訂有限公司

排 版 者／千兵企業有限公司

初版1刷／2012年（民101年）7 月

售　價／250元

大展好書　好書大展
品嘗好書　冠群可期

大展好書　好書大展
品嘗好書　冠群可期